1日1行！2年で350万貯めた

あきのズボラ家計簿

あき 著

KKベストセラーズ

はじめに

「家計簿って、つけるだけじゃ、お金は貯まらないんだ」

これが、長年家計簿をつけてきた私の結論です。

私は、結婚してすぐから、今年で14年間家計簿をつけています。

でも、ほんの3、4年前までは、毎年のように家計簿の種類を変え、いかに安いものを買い、いかにお金を使わないようにするのかを常に考えていて、自分なりに努力もしていたのですが、思うようにお金を貯めることはできませんでした。

いつの頃からか自分の家計管理にまったく自信が持てなくなり、「このままでは、わが家の家計は間違いなく破たんする」と危機感を覚えるようになりました。

ある時、「今度こそ、お金が貯められない自分と決別しよう！」と決意しました。「本当につけるだけで、貯められる家計簿を自分で作ってみよう」と思ったのです。

もともとズボラな私には、難しくて細かい家計簿はとても続かない。

1日1行1分。とにかく簡単に、ラクにつけられて、なおかつお金が貯められる家計簿に…と考えに考え抜いて、2、3年の試行錯誤を経て完成したのが現在の「あきの家計簿」になります。

それから、あき家の家計は見違えるように変わり始め、今まで10年以上家計簿をつけても満足に貯められなかった私が、2年で350万円を貯めることに成功しました。

しかも、家族5人で50万円かけてグアム旅行をしたり、今までの1万円のソファーとテレビボードを、8万円のソファーと12万円のテレビボードに買い替えたり、以前よりもしたいことをして、欲しいものを買って生活を楽しんでも、お金が貯められるようになったのです。

私は、お金は頑張らないと貯まらないものだと思っていたのですが、今の家計簿にすると必要以上に頑張らなくてもお金が貯められるようになることが分かり、「本当につけるだけで、貯まる家計簿」って存在するんだと思いました。

私と同じように、長年家計簿をつけているのにお金が貯められずに苦しんでいる方の助けに少しでもなればと、私が考えた「家計簿」についてブログで紹介したところ、読者の方からたくさんの喜びの声が届くようになりました。

「あきの家計簿を使い始めたら、わが家の家計が劇的に変わりました」「あきの家計簿で今まで頑張っても貯められなかった苦しみから解放され、気持ちがラクになりました」「家計管理が、驚くほど楽しくなりました」

そのような声を聞いて、とてもうれしく思いました。

また、「家計簿をもう何年もつけてきました」「たくさんの節約術を試してきました」という「家計簿経験者」「節約生活実践者」の方が、最後に「あきの家計簿」を選んでくださっているというのもうれしいことです。

家計簿は、ただ普通につけるだけだと「家計の現状を把握する」ことしかで

きません。「把握」は、あきの家計簿では初歩中の初歩。**家計簿を「本当につけるだけで貯まる家計簿」にするためには、あともう一歩の工夫が必要なのです。このもう一歩の工夫は驚くほど簡単で、本書ではあきの家計簿の基本だけでなく、この工夫についても詳しく書いています。**

「今までいろいろな家計簿や節約術を頑張って試してきたけど、どれもなかなか成果が出なかった」という方に読んでいただき、貯金だけでなく、家族の笑顔が増える楽しいことにお金が使える生活を手に入れていただけたらうれしいです。

Contents

はじめに——2

Part 01
あきの家計簿 ～基本編～

●自然にお金が貯まる、あきの家計簿——12
●基本は、毎月と年間の家計簿の2つだけ——14
●スタートするために必要な道具——16
●家計簿をつけ始める前の準備——18
●毎月の家計簿の作り方——20
●年間の家計簿の作り方——22
●毎月の家計簿のつけ方——24
●毎月の家計簿の残高調整と集計法——26
●毎月の家計簿の1ヵ月（記入例）・あきの家計簿のメリット——28
●年間の家計簿のつけ方——30
●年間の家計簿を1年つけるとこんな感じ——32

●1ヵ月の作業は、4つの工程でOK！ ——34
Column 家計簿を長く続けるコツ ——36

Part 02

あきの家計簿 〜工夫編〜

●家計簿はつけるだけでは、貯まらない!? ——40
●頑張らない、続けられる家計簿とは ——42
●家計簿は、費目分けが超重要！ ——44
●費目決めに失敗すると、貯まらない！ ——46
●「基本ルール」を決めるのが、ポイント ——48
●「基本ルール」が、予算の成功率を上げる！ ——50
●基本的に、カード払いは禁止 ——52
●カード払いのつけ方・カード払いは、現金払い扱いにする ——54
●ラクに時短につながる！ 3つの技 ——56
●どうしても、計算が合わない時は？ ——58
●ちょっとした工夫で、ラクな家計簿に！ ——60
Column あきの財布 ——62

Contents

Part 03

あきの家計簿 ～進め方編～

●1ヵ月目は、ただつけてみる！ ―― 66
●2ヵ月目は、予算決めにチャレンジ！ ―― 68
●3ヵ月目は、予算の見直し！ ―― 70
●予算を制するものが、家計を制す！ ―― 72
●予算は立てすぎても、失敗のもと ―― 74
●特別費の予算を立ててみよう！ ―― 76
●「特別費」…美容室費・衣服費編 ―― 78
●「特別費」…臨時費・イベント費編 ―― 80
●「特別費」…レジャー・旅行費・家電・インテリア費編 ―― 82
●「特別費」…その他大型支出・特別費を合計してみる！ ―― 84
●特別費の予算を成功させるコツ ―― 86
●家計は1年後に見直す！ ―― 88
●データの活用で、家計を分析 ―― 90
Column 途中で挫折してしまったら… ―― 92
Column もっと「ざっくり家計簿」にしたい！ ―― 94

Part 04

あきの家計簿 〜ひみつ編〜

- あきの家計簿の「ひみつ」——98
- 家計簿をただの記録帳にしてはいけない！——100
- まずは、支出を2つに分ける——102
- ムダな支出を「見える化」にする——104
- これが、家計のリバウンドの正体！——106
- 家計を改善するなら、ここから！——108
- 生活の質を上げる節約術を公開——110
- 生活の質を上げる「娯楽費」の使い方——112
- 生活の質を上げる「特別費」の使い方——114
- 5大支出をおさえれば、家計が変わる——116

Column あきの通帳管理法1——118

Column あきの通帳管理法2——120

Column あきの通帳管理法3——122

Column あきの通帳管理法4——124

おわりに——126

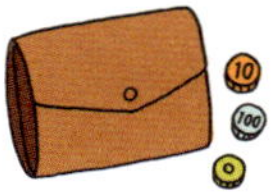

Part 01

1日、1分、1行！
簡単だから長く続けられる

あきの家計簿
~基本編~

あきの家計簿は、1日分が、たったの1行。

1日分が1分でつけ終わります。


レシートをとっておけば、1週間のまとめづけもOK。

細かな品名を書く手間もなく、レシートの合計金額を書くだけ。

とにかく簡単で書く量が少ないので、継続していくストレスもありません。


「忙しくて、家計簿にかける時間がない」

「家計簿が面倒くさくて、続けられない」

「初めてだけど、簡単で効果のある家計簿をつけたい」

このような方が「簡単」に「手間なく」長く続けられる、
あきの家計簿の「基本」について紹介します。

自然にお金が貯まる、あきの家計簿

家計簿さえつければ、お金が貯まるなんて思わないでください。

むしろ、**普通の家計簿では「つけてもお金は貯まらない」**と考えてください。

それに対して、あきの家計簿は「本当につけるだけでお金が貯まる家計簿」です。

中には普通の家計簿でお金を貯めている人もいますが、極端に支出を削るかなりの節約名人。素人にはとうてい真似できないことが多いのです。

あきの家計簿は、節約名人にならなくてもＯＫ。必要以上に頑張らなくても、**自然に「お金を貯める力」をつけていくことができる家計簿です。**

その方法は、難しいわけではなく、むしろ、とても簡単にできるのです。

あきの家計簿で1ヵ月の間にやることは、1日1行分の支出をノート片面1ページに記入することと、月に1回1列の集計表を完成させること。

毎月たったこれだけ。

普通の家計簿よりずっと書くところが少ないので、ズボラさんでも大丈夫。

今と同じ収入で、生活の質を上げることもできるようになるので、「欲しいものが買えてお金も貯まるなんて、まるで魔法のようですね」と読者の方に言っていただくこともあります。

あきの家計簿の１ヵ月（記入例）

毎月の家計簿

日付	食費	日用品	パパこづかい	教育費	娯楽費	特別費	支出計	残高
4/1	スーパー ¥2000	オムツ ¥1200					¥3200	¥30000
2	米 ¥2000				ランチ ¥1500		¥3500	(銀行¥20000) ¥46500
3	スーパー ¥3000				カフェ ¥500		¥3500	¥43000
4	酒 ¥2000	ノート ¥120	¥5000	写真 ¥800			¥7920	¥35080
小計	¥9000	¥1320	¥5000	¥800	¥2000		¥18120	¥35080
8					(カード) 子供服 ¥5000	(カード) 旅行 ¥30000	¥35000	¥80
10	スーパー ¥2000						¥2000	(銀行¥20000) ¥18080
11	スーパー ¥2000				外食 ¥3000		¥5000	¥13080
14		ティッシュなど ¥1000	¥6000				¥7000	¥6080
小計	¥4000	¥1000	¥6000		¥8000	¥30000	¥49000	¥6080
16	スーパー ¥2000						¥2000	¥4080
17	スーパー ¥3000	ガソリン ¥2000			おかし ¥1000		¥6000	(銀行¥20000) ¥18080
18	スーパー ¥1500				ランチ ¥1500		¥3000	¥15080
20	スーパー ¥2000		(のみ会) ¥5000				¥7000	¥8080
21	スーパー ¥3000		¥6000			美容室 ¥6000	¥15000	(銀行¥20000) ¥13080
小計	¥11500	¥2000	¥11000		¥2500	¥6000	¥33000	¥13080
23	スーパー ¥2000	オムツ ¥1200			ランチ ¥1500		¥4700	¥8380
24	スーパー ¥2000				ドーナツ ¥1000		¥3000	¥5380
25	スーパー ¥3000						¥3000	(銀行¥20000) ¥22380
26	スーパー ¥2000	シャンプーなど ¥3000					¥5000	¥17380
27	スーパー ¥1500		¥6000		外食 ¥3000		¥10500	¥6880
小計	¥10500	¥4200	¥6000		¥5500		¥26200	¥6880
29	スーパー ¥3000			教材費 ¥2000	雑誌 ¥500		¥5500	(銀行¥20000) ¥21380
30	スーパー ¥2000	はぶらし ¥500	(のみ会) ¥5000		カフェ ¥500		¥8000	¥13380
小計	¥5000	¥500	¥5000	¥2000	¥1000		¥13500	¥13380
合計	¥40000	¥9020	¥33000	¥2800	¥19000	¥36000	¥139820	¥13380

集計表

	4月
パパ給与	250,000
ママ給与	30,000
手当	
その他	
合計	280,000
住宅ローン	80,000
管理費	15,000
電気	6,000
ガス	5,000
水道	–
生命保険	20,000
携帯	10,000
固定電話	5,000
幼稚園	20,000
小学校	5,000
カード払い	20,000
くりあげ返済	–
生協	20,000
特別費	–
合計	206,000
現金支出	120,000
支出計	326,000
収支	−46,000
A銀行	300,000
B銀行	200,000
C銀行	50,000
定期預金	1,000,000
現金	50,000
総額	1,600,000

１ヵ月に記入するのは、たったこれだけ

ノート片面１ページ ＋ １列の集計表

基本は、毎月と年間の家計簿の2つだけ

あきの家計簿は、日々の支出を記録する「毎月の家計簿」と、月末の集計作業として利用する「年間の家計簿」の2つの家計簿で構成されています。この2つの家計簿を1冊のノートに記入していきます。

「毎月の家計簿」には、「食費」「日用品」といったおもに現金でやりくりする日々の買い物を記入します。

「年間の家計簿」では、「家賃・電気・ガス・水道」など、おもに銀行などから自動引き落としになる項目や、月1回だけなど支払い頻度の少ない支出を記入します。

他の家計簿と比べて、1ヵ月に記入する内容がとても少ないのが特徴です。

1つ1つ品名を書いていくような細かなタイプの家計簿は、最初は楽しいのですが、「書くところが多い」というだけで書くのが面倒になり、続けるのがとても大きなストレスになってきます。

家計簿は、すぐに挫折しては意味がありません。忙しい主婦だからこそ、手間なくシンプルにすべきもの。

「同じ内容を2度書く手間」を極力省き、簡単なのに知りたい情報が自然に浮かび上がってくる。

それが、あきの家計簿なのです。

あきの家計簿の構成

年間の家計簿

☑家賃 ☑電気
☑ガス ☑水道

おもに口座引き落としでやりくりするもの

月１回以下程度の支出の記録

毎月の家計簿

☑食費
☑日用品

おもに現金でやりくりするもの

日々の支出の記録

「年間」と「毎月」の２つの家計簿を１冊のノートに記入します。

スタートするために必要な道具

あきの家計簿を始めるために準備するものがいくつかあります。

①ノート ②ペン ③定規 ④電卓 ⑤通帳

この5つをまずは、準備してください。

ノートは、B5の大学ノートで充分。横線が入っているノートを選べば、枠を作るのがラクです。

ペンは、お手持ちの使いかけの黒色ボールペン1本で充分。

定規も、お手持ちのもので構いません。

電卓も、今はスマートフォンに電卓のアプリなどが入っているので、買わなくても大丈夫。

ペンも定規も電卓も改めて揃える必要はないので、**まっさらなノートを1冊買えば、すぐに始めることができます。**

通帳は、給与振込やローンなどの引き落としがあるものを中心に、これから家計簿で管理していく通帳を全部出してみましょう。

あき家は、4冊の通帳を使っています。

その他、子供用通帳など家計簿で管理をしていない通帳もありますが、こちらは数に入れていません。

通帳は、数が多すぎると管理がしにくいものです。あまりに数が多い場合は、支払いをまとめられると管理がラクになります。

あきの家計簿をスタートするための道具

張り切りすぎず、家にあるものを活用してOK。
ノートが１冊あればすぐに始められます。

家計簿をつけ始める前の準備

まっさらなノートを1冊準備できたら、実際に家計簿をつける準備をしましょう。

まず、**家計簿を始める前に決めなくてはいけないのは、「費目」です。**

「年間の家計簿」の費目には、「家賃、電気、ガス、水道、生命保険、携帯電話」など、おもに銀行などから自動引き落としになるものや、「小遣いや定期」など月1回以下の支出を書き出します。

「自動車税、固定資産税、NHK受信料」など年に1回程度の支出は、まとめて「特別費」という費目でOKです。

「毎月の家計簿」で管理する費目は、「食費」「日用品」「娯楽費」「特別費」という費目を基本に、4～8費目になるように作成します（詳しい費目の決め方は、P44参照）。

費目ができたら、次は締め日を決めます。

毎月1日スタート、31日締めでも、給料日が毎月25日なら、25日スタート、24日締めでも構いません。自由に締め日を決めてください。

その次は、いよいよ記入枠の作成です。

ノートの最初の見開きには、「毎月の家計簿」の記入枠を作成。ノートの最後の見開きには「年間の家計簿」の記入枠を作成します。記入枠の作成方法は、P20から説明していきます。

家計簿をつけ始める前の準備

まっさらなノートを１冊準備できたらやること

1 費目を決める

「年間の家計簿」で管理する費目を決める。

□家賃、電気、ガス、水道、生命保険など
自動引き落としになっている支出を書き出す。

□定期、小遣いなど月1回以下の毎月決まった支出も忘れずに書き出す。

□自動車税、固定資産税など年に1回程度の支払いは
まとめて特別費とする。

「毎月の家計簿」で管理する費目を決める。

□食費、日用品、娯楽費、特別費の４費目を基本に、4〜8費目に
なるように作成する（詳しい費目の決め方はP44参照）。

2 家計簿の締め日を決める

□毎月1日スタート、31日締めでもOK。

□給料日が毎月25日なら25日スタート、24日締めでもOK。
➡自由に締め日を決めてOK！　ただし1ヵ月ごとに区切って。

3 家計簿の記入枠を作る

□ノートの最初の見開きページに「毎月の家計簿」の記入枠を作成。

□ノートの最後の見開きページに「年間の家計簿」の記入枠を作成。
空白になっている初めの１ページ目には目標などを記入しても
OKです（詳しい記入枠の作成方法はP20から紹介します）。

毎月の家計簿の作り方

毎月 ver

1 毎月の家計簿の記入枠を作成

2ヵ月分の
枠を1度に
作ると便利

記入枠の幅は、管理する費目の数で調整しましょう。

2 毎月の家計簿の枠に基本項目を埋める

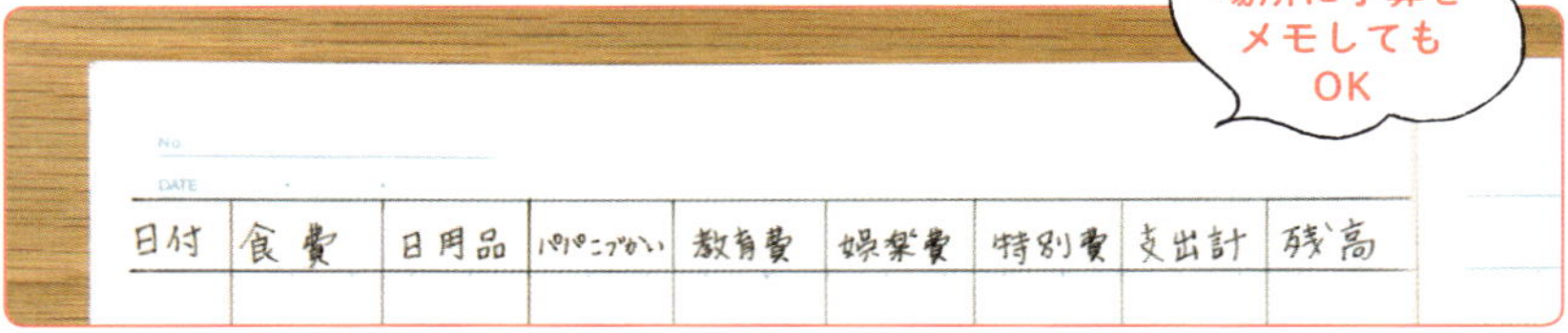
空いている
場所に予算を
メモしても

家計で管理する費目を埋めていきます。

費目の作り方については
P44で説明します。

最後の行

月末の集計用に合計の欄も確保しましょう。

3 完成

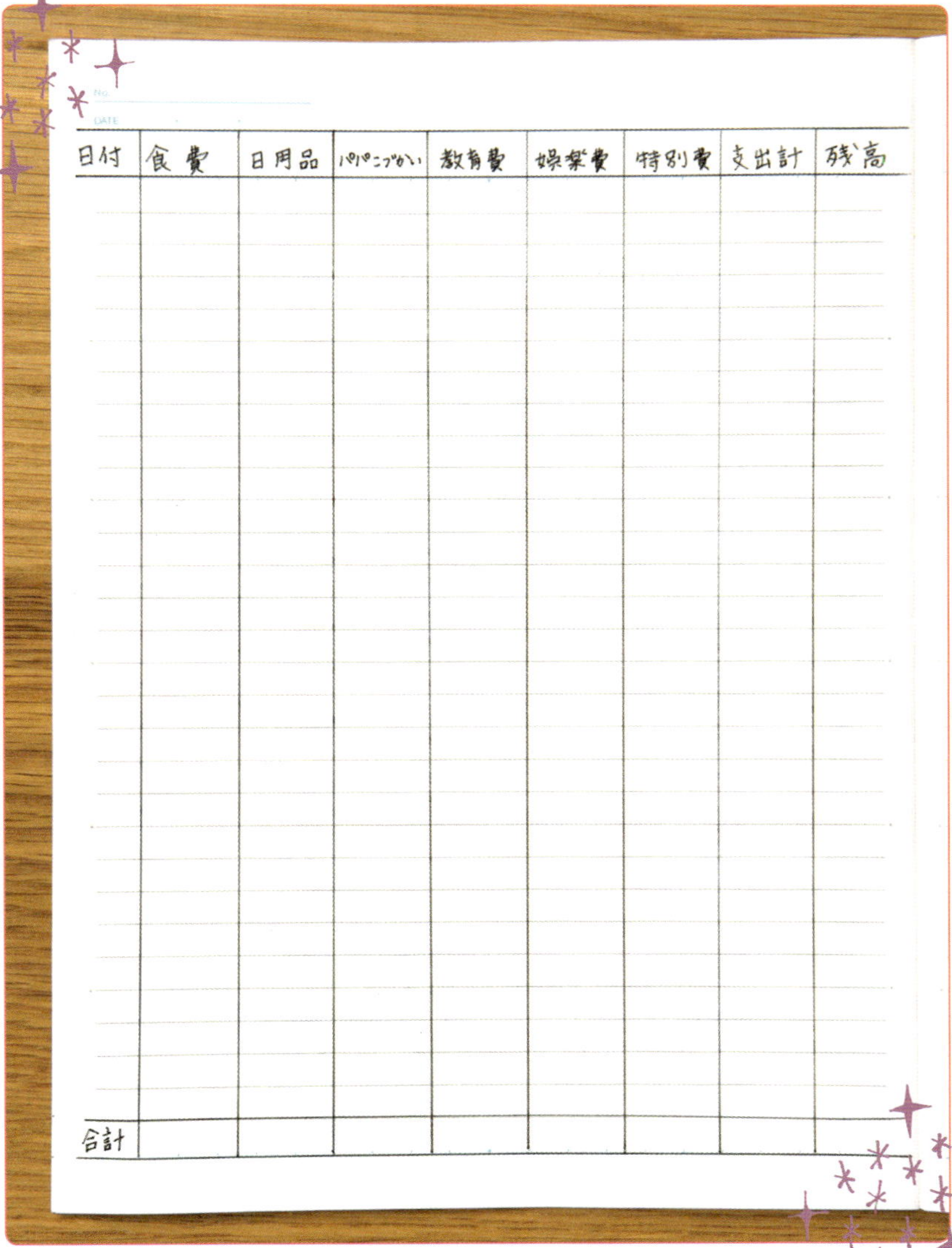

毎月の家計簿のフォーマットが完成です！

年間の家計簿の作り方 年間ver

1 年間の家計簿の記入枠を作成

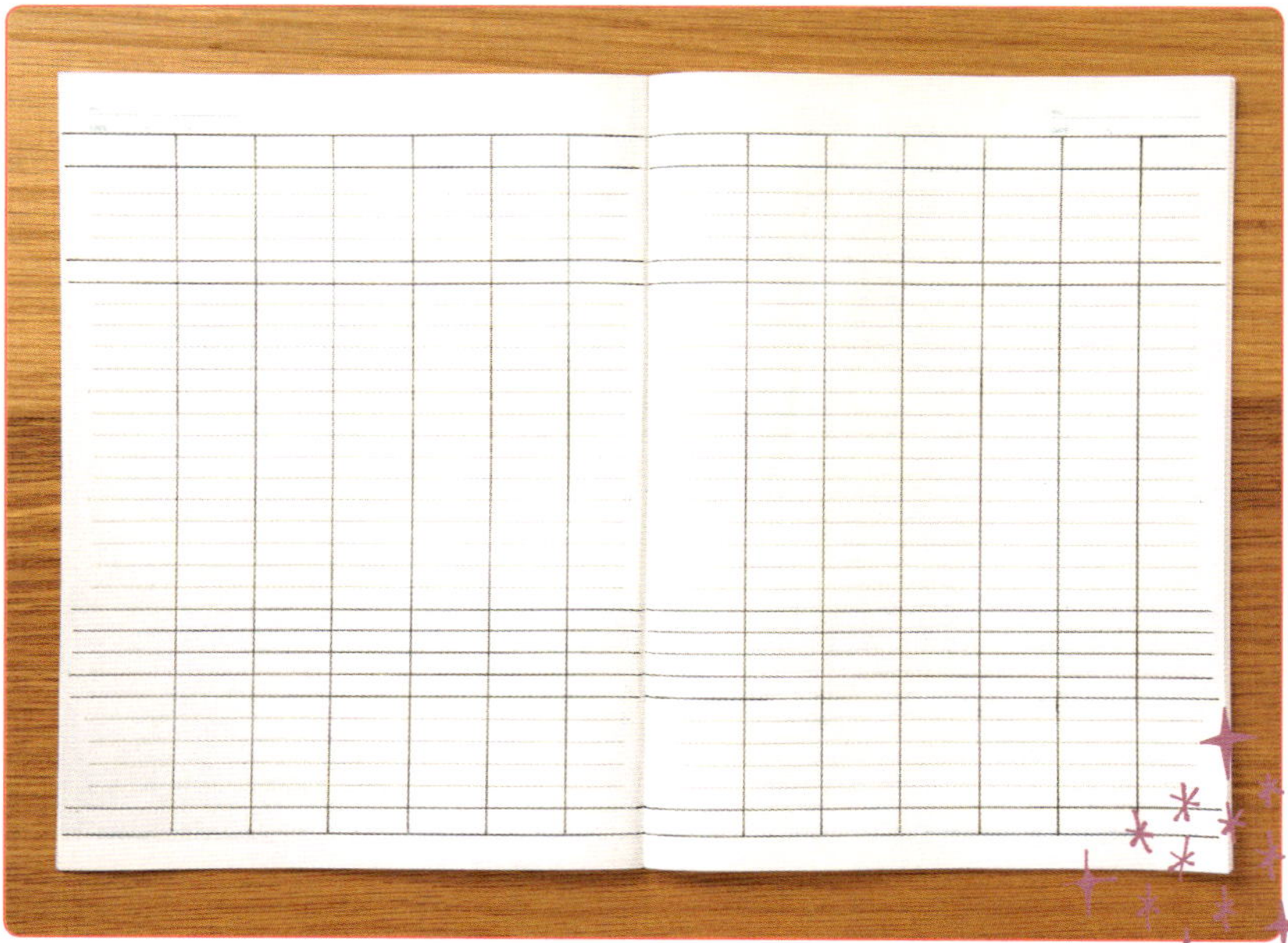

ノートの最終見開きページを使って、１年分の記入枠を作成します。

2 年間の家計簿の枠に基本項目を埋める

❶月を埋める

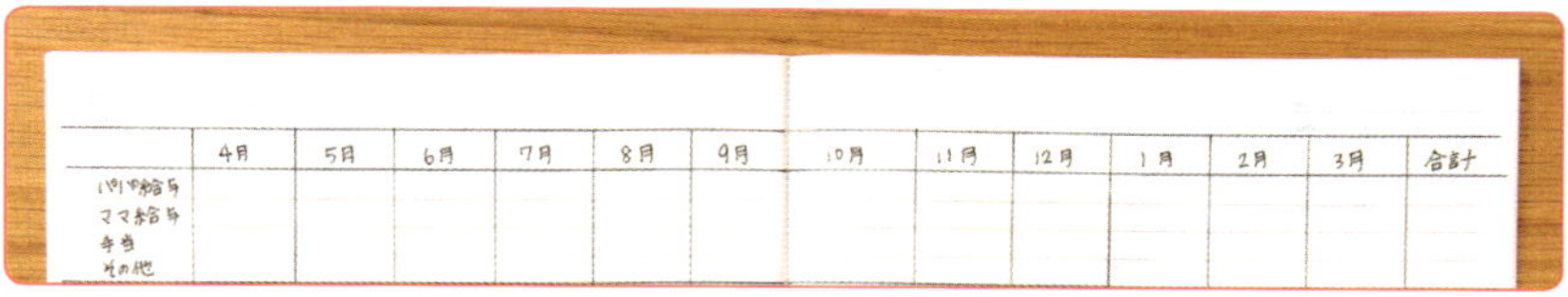

４月始まりがオススメ。もちろん１月始まりでもOK。

3 完成

年間の家計簿のフォーマットが完成です！

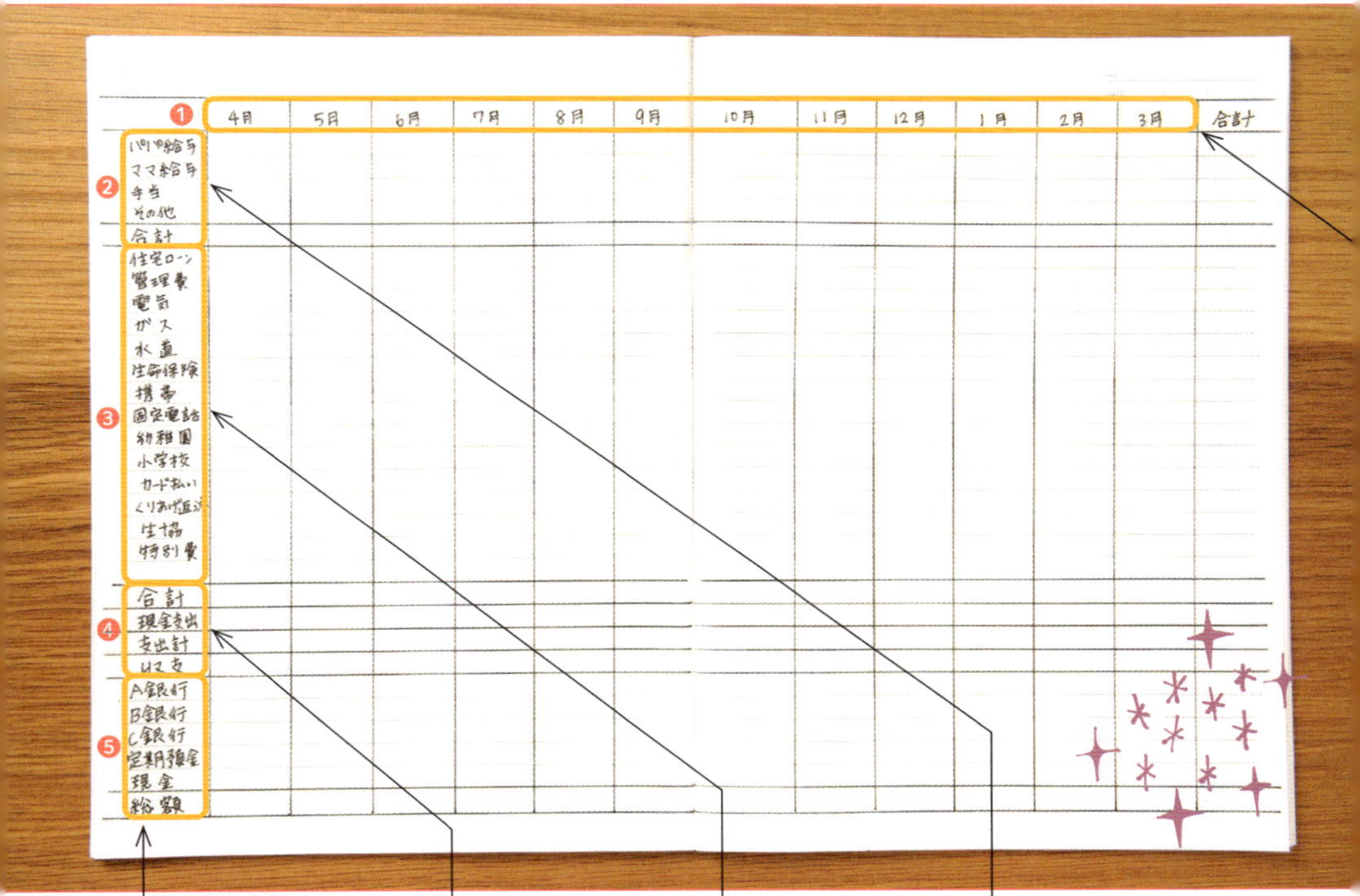

❺通帳口座名

- A銀行
- B銀行
- C銀行
- 定期預金
- 現金
- 総額

❹合計欄

- 合計
- 現金支出
- 支出計
- 収支

❸口座引き落とし

- 住宅ローン
- 管理費
- 電気
- ガス
- 水道
- 生命保険
- 携帯
- 固定電話
- 幼稚園
- 小学校
- カード払い
- くりあげ返済
- 生協
- 特別費

❷収入欄

- パパ給与
- ママ給与
- 手当
- その他
- 合計

毎月の家計簿のつけ方

日々の支出を記入する「毎月の家計簿」の基本のつけ方は、こんな感じ。

1 レシートを出す

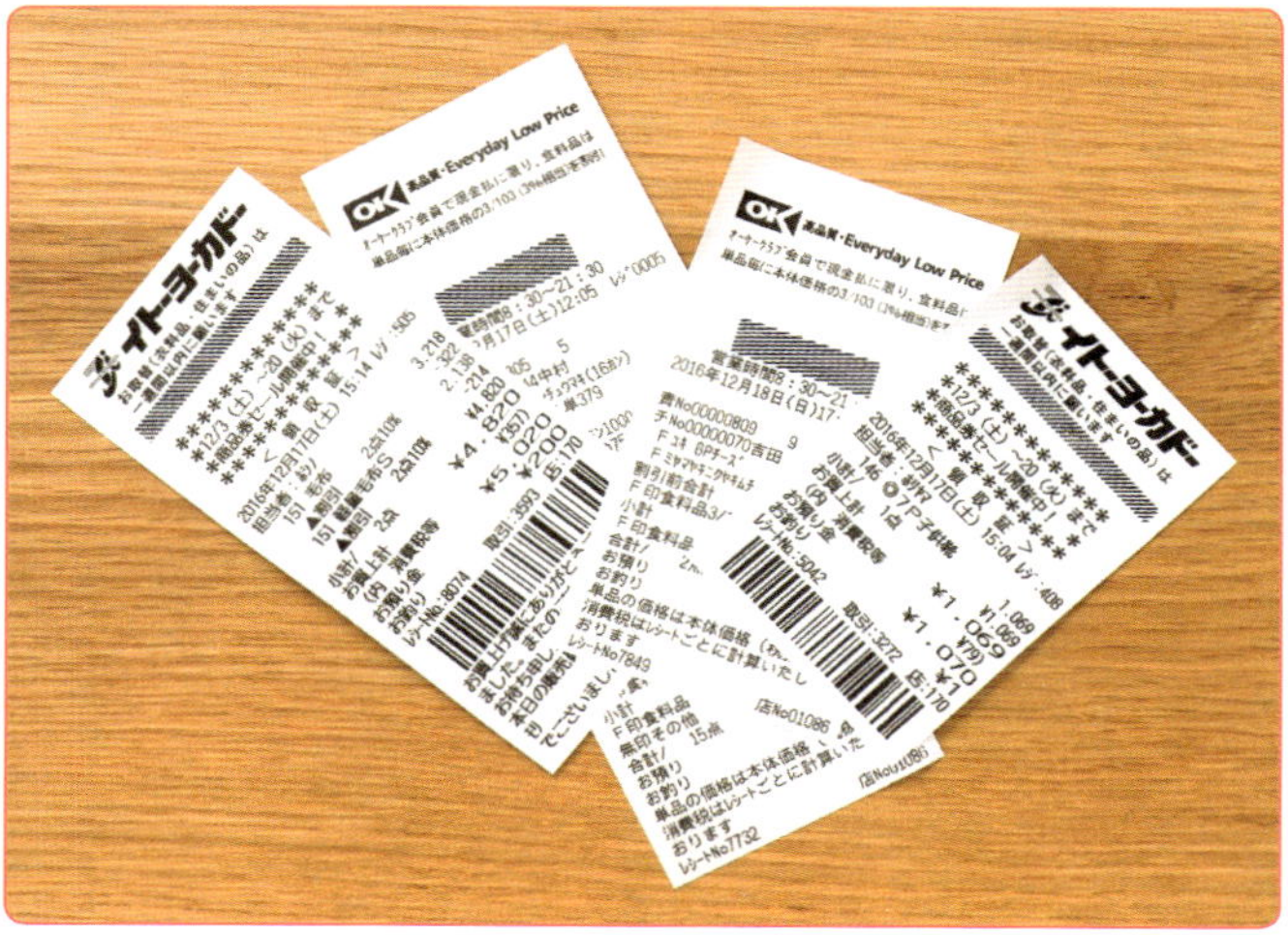

お財布にたまっているレシートを全部出してみましょう。

2 レシートの内容を書く

No

DATE

日付	食費	日用品	パパこづかい	教育費	娯楽費	特別費	支出計	残高
4/1	スーパー ¥2000	オムツ ¥1200					¥3200	¥30000

レシートの合計金額を書くだけ。細かな記入はしなくてOK！

3 その日の支出計を計算する

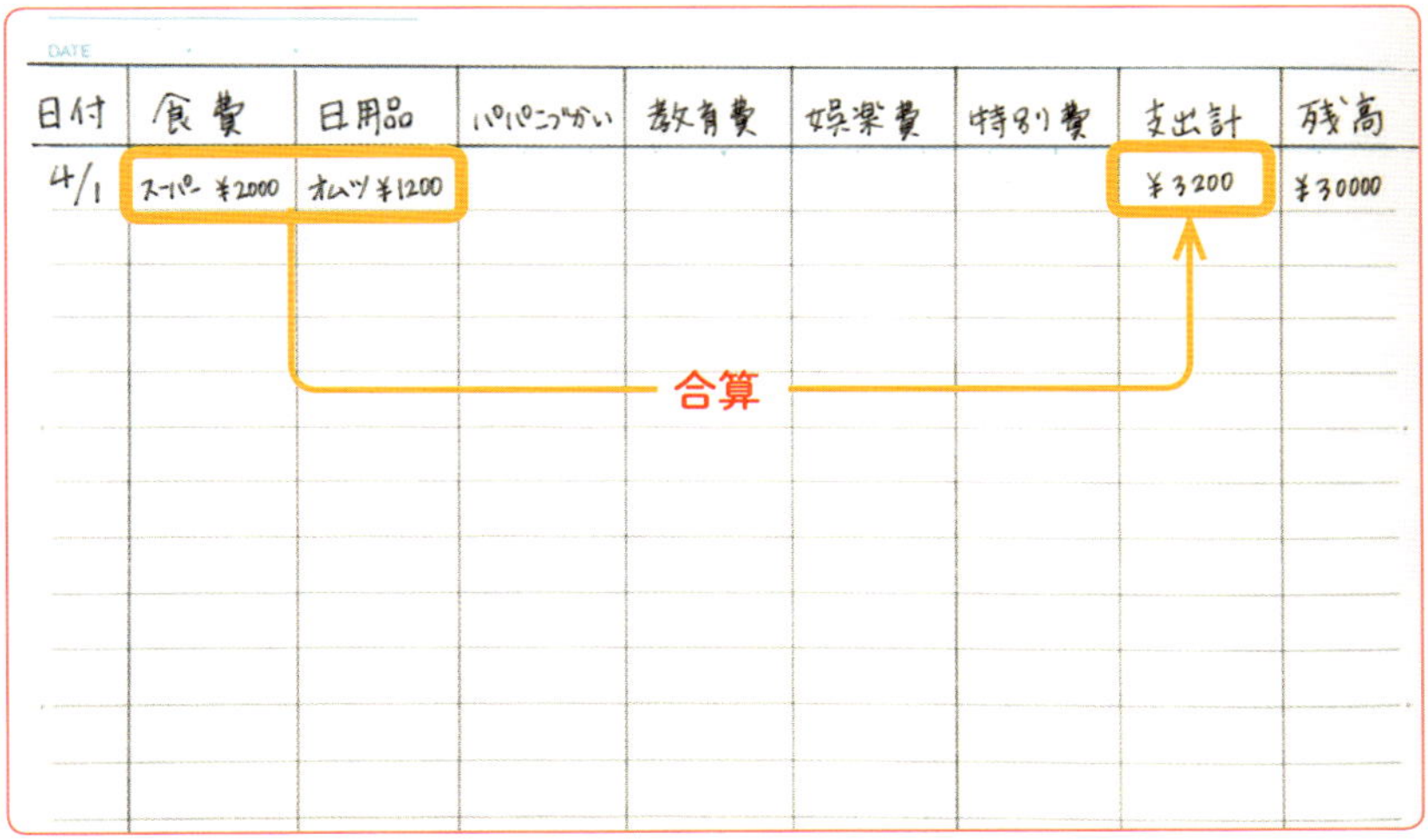

日付	食費	日用品	パパこづかい	教育費	娯楽費	特別費	支出計	残高
4/1	スーパー ¥2000	オムツ ¥1200					¥3200	¥30000

1日分の支出を合算して、支出計に記入します。

4 残金を記入する

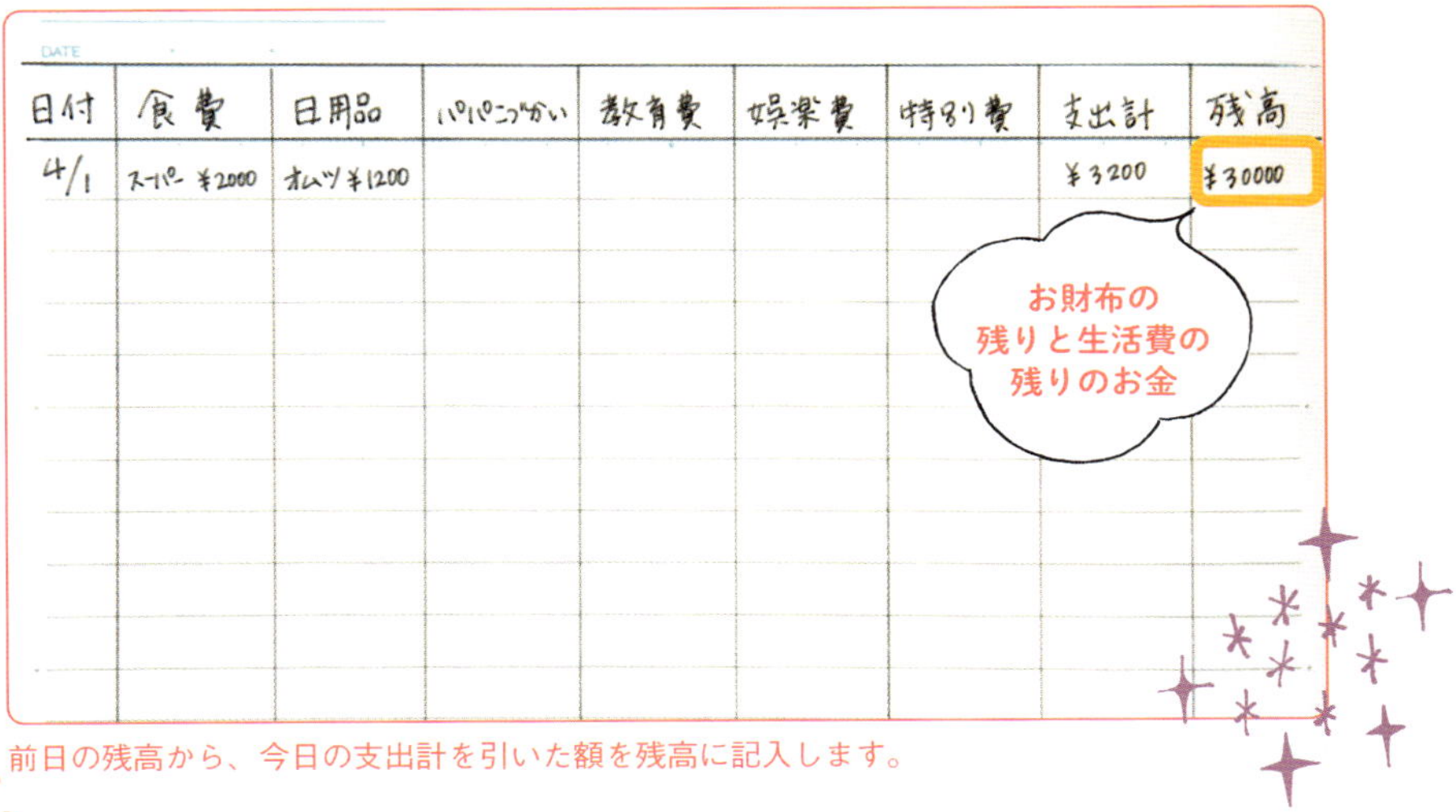

日付	食費	日用品	パパこづかい	教育費	娯楽費	特別費	支出計	残高
4/1	スーパー ¥2000	オムツ ¥1200					¥3200	¥30000

前日の残高から、今日の支出計を引いた額を残高に記入します。

毎月の家計簿の残高調整と集計法

日々の支出を記入する「毎月の家計簿」の残高調整と集計のしかた。

5 銀行からお金をおろした時は、残高を調整

日付	食費	日用品	パパこづかい	教育費	娯楽費	特別費	支出計	残高
4/1	スーパー ¥2000	オムツ ¥1200					¥3200	¥30000
2	米 ¥2000				ランチ ¥1500		¥3500	(銀行¥20000) ¥46500
3	スーパー ¥3000				カフェ ¥500		¥3500	¥43000
4	酒 ¥2000	ノート ¥120	¥5000	写真 ¥800			¥7920	¥35080
小計	¥9000	¥1320	¥5000	¥800	¥2000		¥18120	¥35080
8					(カード) 子供服 ¥5000	(カード)	¥35000	¥80
10	スーパー ¥2000							(銀行¥20000) ¥18080
11	スーパー ¥2000				外食 ¥3			¥13080
14		ティッシュなど ¥1000	¥6000					¥6080
小計	¥4000	¥1000	¥6000		¥80			¥6080
16	スーパー ¥2000							[illegible]
17	スーパー ¥3000	ガソリン ¥2000			おかし ¥1000		¥6000	(銀行¥20000) ¥18080
18	スーパー ¥1500				ランチ ¥1500		¥3000	¥15080
20	スーパー ¥2000		(のみ会) ¥5000				[illegible]	[illegible]

おろした
お金の分だけ
残高を増やす

銀行でおろしたお金を反映させて、残高を正確に記入します。

6 1週間ごとに、小計を入れると便利

日付	食費	日用品	パパこづかい	教育費	娯楽費	特別費	支出計	残高
4/1	スーパー ¥2000	オムツ ¥1200					¥3200	¥30000
2	米 ¥2000				ランチ ¥1500		¥3500	(銀行¥20000) ¥46500
3	スーパー ¥3000				カフェ ¥500		¥3500	¥43000
4	酒 ¥2000	ノート ¥120	¥5000	写真 ¥800			¥7920	¥35080
小計	¥9000	¥1320	¥5000	¥800	¥2000		¥18120	¥35080
8					(カード) 子供服 ¥5000	(カード) 旅行 ¥30000	¥35000	¥80
10	スーパー ¥2000						¥2000	(銀行¥20000) ¥18080
11	スーパー ¥2000				外食 ¥3000		¥5000	¥13080
14		ティッシュなど ¥1000	¥6000				¥7000	¥6080
小計	¥4000	¥1000	¥6000		¥8000	¥30000	¥49000	¥6080
16	スーパー ¥2000						¥2000	¥4080
17	スーパー ¥3000	ガソリン ¥2000			おかし ¥1000		¥6000	(銀行¥20000) ¥18080
18	スーパー ¥1500				ランチ ¥1500		¥3000	¥15080
20	スーパー ¥2000		(のみ会) ¥5000				[illegible]	[illegible]

ちょっとした手間で、あとの作業がラクになります。

小計は、面倒だったら入れなくてもＯＫ、
でも入れると**月末の集計がラク**になります

7 月末は、集計

小計 ＋ 小計 ＋ 小計 ＋ 小計 ＋ 小計 ＝ 合計

日付	食費	日用品	パパこづかい	教育費	娯楽費	特別費	支出計	残高
4/1	スーパー ¥2000	オムツ ¥1200					¥3200	¥30000
2	米 ¥2000				ランチ ¥1500		¥3500	(銀行¥20000) ¥46500
3	スーパー ¥3000				カフェ ¥500		¥3500	¥43000
4	酒 ¥2000	ノート ¥120	¥5000	写真 ¥800			¥7920	¥35080
小計	¥9000	¥1320	¥5000	¥800	¥2000		¥18120	¥35080
8					(カード) 子供服 ¥5000	(カード) 旅行 ¥30000	¥35000	¥80
10	スーパー ¥2000						¥2000	(銀行¥20000) ¥18080
11	スーパー ¥2000				外食 ¥3000		¥5000	¥13080
14		ティッシュなど ¥1000	¥6000				¥7000	¥6080
小計	¥4000	¥1000	¥6000		¥8000	¥30000	¥49000	¥6080
16	スーパー ¥2000						¥2000	¥4080
17	スーパー ¥3000	ガソリン ¥2000			おかし ¥1000		¥6000	(銀行¥20000) ¥18080
18	スーパー ¥1500				ランチ ¥1500		¥3000	¥15080
20	スーパー ¥2000		(のみ会) ¥5000				¥7000	¥8080
21	スーパー ¥3000		¥6000			美容室 ¥6000	¥15000	(銀行¥20000) ¥13080
小計	¥11500	¥2000	¥11000		¥2500	¥6000	¥33000	¥13080
23	スーパー ¥2000	オムツ ¥1200			ランチ ¥1500		¥4700	¥8380
24	スーパー ¥2000				ドーナツ ¥1000		¥3000	¥5380
25	スーパー ¥3000						¥3000	(銀行¥20000) ¥22380
26	スーパー ¥2000	シャンプーなど ¥3000					¥5000	¥17380
27	スーパー ¥1500		¥6000		外食 ¥3000		¥10500	¥6880
小計	¥10500	¥4200	¥6000		¥5500		¥26200	¥6880
29	スーパー ¥3000			教材費 ¥2000	雑誌 ¥500		¥5500	(銀行¥20000) ¥21380
30	スーパー ¥2000	はぶらし ¥500	(のみ会) ¥5000		カフェ ¥500		¥8000	¥13380
小計	¥5000	¥500	¥5000	¥2000	¥1000		¥13500	¥13380
合計	¥40000	¥9020	¥33000	¥2800	¥19000	¥36000	¥139820	¥13380

いよいよ１ヵ月の支出を集計。小計があれば計算もラクです。

各週の小計を足しあげると、合計になります

支出計　残高

この２つは、年間の家計簿の集計表にも記入します！

毎月の家計簿の１ヵ月（記入例）

8 完成

NO
DATE

日付	食費	日用品	パパこづかい	教育費	娯楽費	特別費	支出計	残高
4/1	スーパー ¥2000	オムツ ¥1200					¥3200	¥30000
2	米 ¥2000				ランチ ¥1500		¥3500	(銀行¥20000) ¥46500
3	スーパー ¥3000				カフェ ¥500		¥3500	¥43000
4	酒 ¥2000	ノート ¥120	¥5000	写真 ¥800			¥7920	¥35080
小計	¥9000	¥1320	¥5000	¥800	¥2000		¥18120	¥35080
8					(カード) 子供服 ¥5000	(カード) 旅行 ¥30000	¥35000	¥80
10	スーパー ¥2000						¥2000	(銀行¥20000) ¥18080
11	スーパー ¥2000				外食 ¥3000		¥5000	¥13080
14		ティッシュなど ¥1000	¥6000				¥7000	¥6080
小計	¥4000	¥1000	¥6000		¥8000	¥30000	¥49000	¥6080
16	スーパー ¥2000						¥2000	¥4080
17	スーパー ¥3000	ガソリン ¥2000			おかし ¥1000		¥6000	(銀行¥20000) ¥18080
18	スーパー ¥1500				ランチ ¥1500		¥3000	¥15080
20	スーパー ¥2000		(のみ会) ¥5000				¥7000	¥8080
21	スーパー ¥3000		¥6000			美容室 ¥6000	¥15000	(銀行¥20000) ¥13080
小計	¥11500	¥2000	¥11000		¥2500	¥6000	¥33000	¥13080
23	スーパー ¥2000	オムツ ¥1200			ランチ ¥1500		¥4700	¥8380
24	スーパー ¥2000				ドーナツ ¥1000		¥3000	¥5380
25	スーパー ¥3000						¥3000	(銀行¥20000) ¥22380
26	スーパー ¥2000	シャンプーなど ¥3000					¥5000	¥17380
27	スーパー ¥1500		¥6000		外食 ¥3000		¥10500	¥6880
小計	¥10500	¥4200	¥6000		¥5500		¥26200	¥6880
29	スーパー ¥3000			教材費 ¥2000	雑誌 ¥500		¥5500	(銀行¥20000) ¥21380
30	スーパー ¥2000	はぶらし ¥500	(のみ会) ¥5000		カフェ ¥500		¥8000	¥13380
小計	¥5000	¥500	¥5000	¥2000	¥1000		¥13500	¥13380
合計	¥40000	¥9020	¥33000	¥2800	¥19000	¥36000	¥139820	¥13380

１ヵ月分がたったこれだけ！　とことん書く量を減らしました！

あきの家計簿のメリット

1 レシートさえとってあれば、1週間まとめづけでもOK！

毎日家計簿をつける必要がないので、
忙しい人でも気楽に続けることができます。

2 1日1行で、OK！

細かな品名まで書かなくてもよいので、簡単です。
書き間違えた時の修正もサッと終わります。

3 書くところが、とにかく少ない！

1ヵ月分がたったの片面半ページに収まる分量。
手短にすませられるので、続けていくストレスがありません。

レシートさえとってあればまとめづけも簡単なので、忙しい人でも大丈夫。週に1回、5分くらいの時間がとれれば、続けていくことができます。

年間の家計簿のつけ方

月1回の集計用として利用する年間の家計簿。
いよいよ今月は赤字か黒字かをチェック！

1 収入を書く

	4月	5月	6月	7月	8月	9月
パパ給与	250,000	250,000	250,000	500,000（ぼーなす） 250,000	250,000	250,000
ママ給与	30,000	30,000	30,000	30,000	30,000	30,000
手当			140,000			
その他					じいじこづかい 30,000	
合計	280,000	280,000	420,000	780,000	310,000	280,000

誰の収入か、手当などジャンルを分けて書き出します。

2 口座引き落としの支出を書く

住宅ローン	80,000	80,000	80,000	80,000	80,000
管理費	15,000	15,000	15,000	15,000	15,000
電気	6,000	6,000	6,000	6,000	6,000
ガス	5,000	5,000	5,000	5,000	5,000
水道	—	8,000	—	8,000	—
生命保険	20,000	20,000	20,000	20,000	20,000
携帯	10,000	10,000	10,000	10,000	10,000
固定電話	5,000	5,000	5,000	5,000	5,000
幼稚園	20,000	20,000	20,000	20,000	20,000
小学校	5,000	5,000	5,000	5,000	5,000
カード払い	20,000	10,000	5,000	20,000	50,000
くりあげ返済	—	—	—	100,000	—
生協	20,000	20,000	20,000	20,000	20,000
特別費	—	（車税） 39,500	（固定資産税） 100,000	—	—
合計	206,000	243,500	291,000	314,000	236,000

おもに口座引き落としになっている支出を書き出していきます。

3 現金支出、支出計、収支を書く

現金支出 C	120,000	120,000	120,000	120,000	120,000	120,000
支出計	326,000	363,500	411,000	434,000	356,000	334,000
収支	−46,000	−83,500	+9,000	+346,000	−46,000	−54,000

現金支出 …毎月の家計簿の合計欄の支出計

支出計 …B＋C

収支D …収入A－支出計

支出計は、今月の支出の総額。収支を見れば、今月が黒字か赤字かが分かります。

4 通帳残高と現金残高を書く

A銀行	300,000	216,500	216,500	222,500	222,500	168,500
B銀行	200,000	200,000	209,000	249,000	249,000	249,000
C銀行	50,000	50,000	50,000	150,000	104,000	104,000
定期預金	1,000,000	1,000,000	1,000,000	1,200,000	1,200,000	1,200,000
現金	50,000	50,000	50,000	50,000	50,000	50,000
総額	1,600,000	1,516,500	1,525,500	1,871,500	1,825,500	1,771,500

現金 …毎月の家計簿の合計欄の残高

総額 …各通帳の残高と現金残高を合計した金額

Point

- 通帳の残高は、締め日に一番近い日の残高を記入
- 今月の総額－前月の総額 ＝ 収支E
- DとEの金額が同じになっているかチェック！
  （DとEで２回収支を計算することで計算ミスを防止。金額が違う時は、何らかの計算ミスが発生しているということ。正確性の高いEの金額を優先して収支に金額を記入。次の月からは合うように気をつけます）

年間の家計簿を1年つけるとこんな感じ

月1回の集計を続けて、1年分の集計表が完成すると左のようになります。

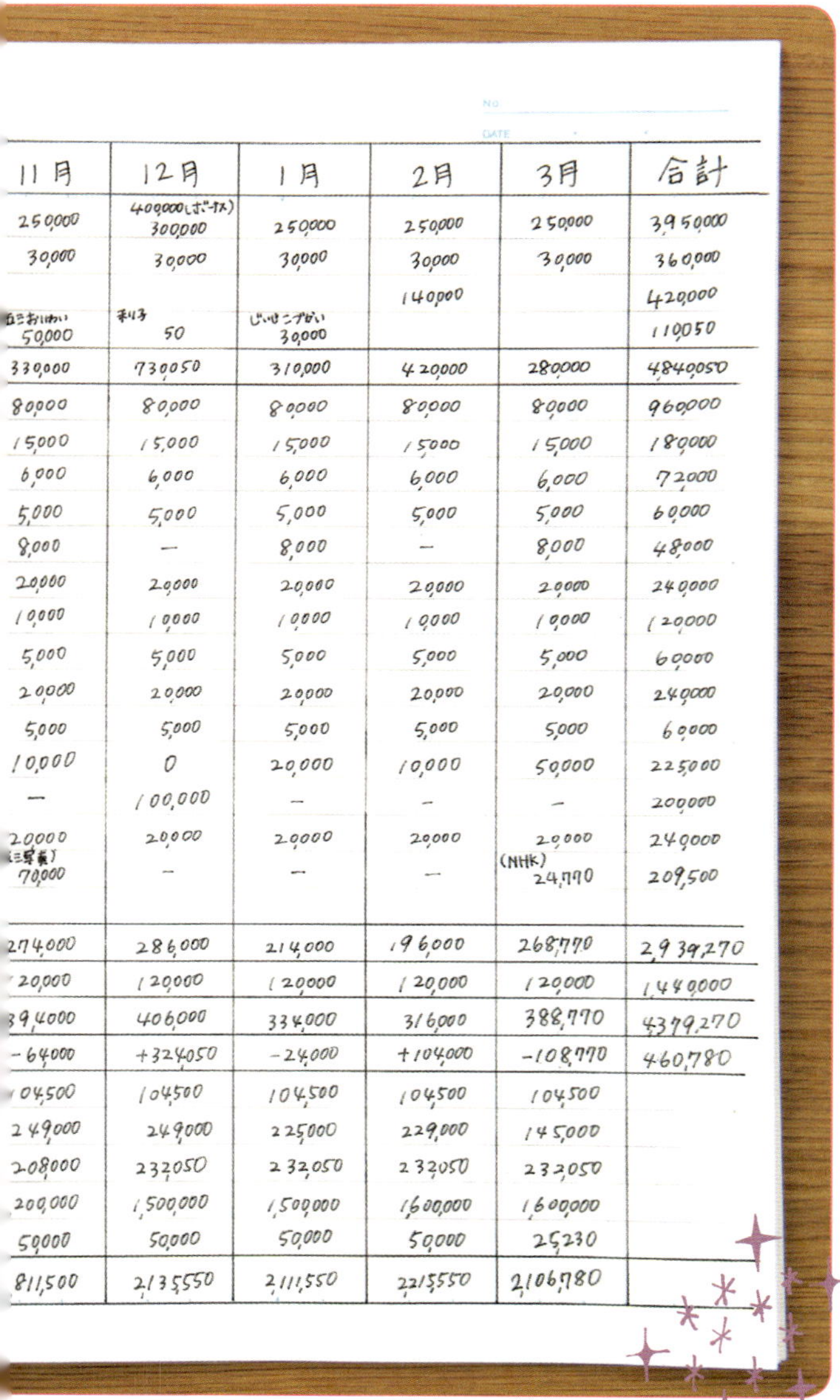

11月	12月	1月	2月	3月	合計
250,000	400,000(ボーナス) 300,000	250,000	250,000	250,000	3,950,000
30,000	30,000	30,000	30,000	30,000	360,000
			140,000		420,000
[illegible]おいわい 50,000	利子 50	じいじこづかい 30,000			110,050
330,000	730,050	310,000	420,000	280,000	4,840,050
80,000	80,000	80,000	80,000	80,000	960,000
15,000	15,000	15,000	15,000	15,000	180,000
6,000	6,000	6,000	6,000	6,000	72,000
5,000	5,000	5,000	5,000	5,000	60,000
8,000	—	8,000	—	8,000	48,000
20,000	20,000	20,000	20,000	20,000	240,000
10,000	10,000	10,000	10,000	10,000	120,000
5,000	5,000	5,000	5,000	5,000	60,000
20,000	20,000	20,000	20,000	20,000	240,000
5,000	5,000	5,000	5,000	5,000	60,000
10,000	0	20,000	10,000	50,000	225,000
—	100,000	—	—	—	200,000
20,000	20,000	20,000	20,000	20,000	240,000
([illegible]) 70,000	—	—	—	(NHK) 24,770	209,500
274,000	286,000	214,000	196,000	268,770	2,939,270
20,000	120,000	120,000	120,000	120,000	1,440,000
39,4000	406,000	334,000	316,000	388,770	4,379,270
-64,000	+324,050	-24,000	+104,000	-108,770	460,780
04,500	104,500	104,500	104,500	104,500	
249,000	249,000	225,000	229,000	145,000	
208,000	232,050	232,050	232,050	232,050	
200,000	1,500,000	1,500,000	1,600,000	1,600,000	
50,000	50,000	50,000	50,000	25,230	
811,500	2,135,550	2,111,550	2,215,550	2,106,780	

年間の家計簿（記入例）

	4月	5月	6月	7月	8月	9月	10月
パパ給与	250,000	250,000	250,000	500,000（ボーナス） 250,000	250,000	250,000	250,000
ママ給与	30,000	30,000	30,000	30,000	30,000	30,000	30,000
手当			140,000				140,000
その他					じいじこづかい 30,000		
合計	280,000	280,000	420,000	780,000	310,000	280,000	420,000
住宅ローン	80,000	80,000	80,000	80,000	80,000	80,000	80,000
管理費	15,000	15,000	15,000	15,000	15,000	15,000	15,000
電気	6,000	6,000	6,000	6,000	6,000	6,000	6,000
ガス	5,000	5,000	5,000	5,000	5,000	5,000	5,000
水道	−	8,000	−	8,000	−	8,000	−
生命保険	20,000	20,000	20,000	20,000	20,000	20,000	20,000
携帯	10,000	10,000	10,000	10,000	10,000	10,000	10,000
固定電話	5,000	5,000	5,000	5,000	5,000	5,000	5,000
幼稚園	20,000	20,000	20,000	20,000	20,000	20,000	20,000
小学校	5,000	5,000	5,000	5,000	5,000	5,000	5,000
カード払い	20,000	10,000	5,000	20,000	50,000	20,000	10,000
くりあげ返済	−	−	−	100,000	−	−	−
生協	20,000	20,000	20,000	20,000	20,000	20,000	20,000
特別費	−	（車税） 39,500	（固定資産税） 100,000	−	−	−	−
合計	206,000	243,500	291,000	314,000	236,000	214,000	196,000
現金支出	120,000	120,000	120,000	120,000	120,000	120,000	120,000
支出計	326,000	363,500	411,000	434,000	356,000	334,000	316,000
収支	−46,000	−83,500	+9,000	+346,000	−46,000	−54,000	+104,000
A銀行	300,000	216,500	216,500	222,500	222,500	168,500	168,500
B銀行	200,000	200,000	209,000	249,000	249,000	249,000	249,000
C銀行	50,000	50,000	50,000	150,000	104,000	104,000	208,000
定期預金	1,000,000	1,000,000	1,000,000	1,200,000	1,200,000	1,200,000	1,200,000
現金	50,000	50,000	50,000	50,000	50,000	50,000	50,000
総額	1,600,000	1,516,500	1,525,500	1,871,500	1,825,500	1,771,500	1,875,500

集計表は一覧にすることで、お金の流れが自然に見えるように。

1ヵ月の作業は、4つの工程でOK！

あきの家計簿の1ヵ月の作業の流れは、4つの工程に分かれています。

①枠を作る。
②毎月の家計簿に日々の買い物を書く。
③通帳残高を記帳する。
④年間の家計簿を作成する。

この4つの工程を毎月続けていくだけでOK。

集計作業はちょっぴり時間がかかりますが、**日々の記録は、1日1行1分ですみます。**

「家計簿をつけなくては」と意気込まなくて大丈夫。そんなに頑張らなくても続けられるので、気楽に取り組んでみてください。

銀行からおろしたお金は、「生活費」という封筒で一括管理すると便利です。

例えば、お給料日に銀行から10万円をおろしたら「生活費」の封筒に入れて保管。お財布のお金がなくなったら「生活費」の封筒からお金を取り出し、お財布に入れる。

この手順を繰り返します。

「食費」「日用品」の項目ごとや「1週目」「2週目」など週ごとに封筒を分けるなどたくさんの封筒をあれこれ管理する手間も省けます。

お金の管理も、とにかくシンプルに簡単に手間なくすませるのが、あき流です。

あきの家計簿1ヵ月の流れ

1 枠をつくる

2 毎月の家計簿

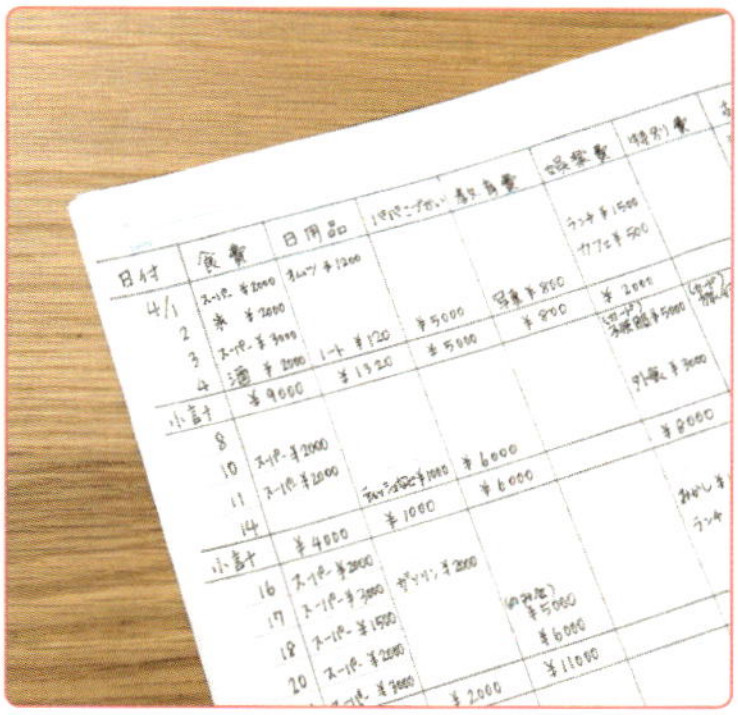

3 通帳を記入

4 年間の家計簿(集計)

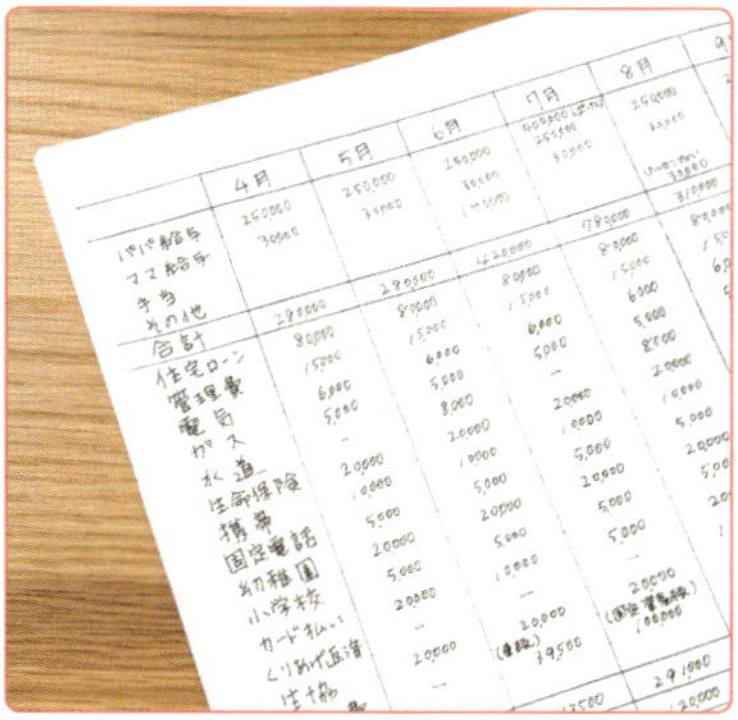

毎月1～4を繰り返します。定期的に通帳記入をする習慣にもなります。

Column

家計簿を長く続けるコツ

家計簿をつけたことがない人、何度挑戦しても続かない人にとって、最初のハードルとなるのは「家計簿を続けること」です。

私は家計簿を14年間ずっと続けています。

初めは、分厚い家計簿を買って、1つ1つの品名と値段を記入し、日記もつけられるというものからスタート。

でも、もともとスケジュール帳が続けられないほどズボラな私には、細かくつける日記つきタイプの家計簿はハードルが高すぎて、結局すぐに挫折してしまいました。

今は、便利な家計簿アプリもありますし、パソコンでつける家計簿もあります。

私もパソコンの家計簿ソフトを使っていたこともありましたが、こういう機械ものは「起動させる」ということが、1つの手間になります。

「起動させるのが面倒で、ズルズルとレシートをためてしまう」原因になるのです。

家計簿を続けられなくなる原因の1つは、ほんのちょっとの手間がいつのまにか面倒くさくなるから。

家計簿を続けられない人ほど、空いた時間にさっと取り出し、すぐにしまえる、簡単で手書きの家計簿からのスタートがオススメなのです。

初めての人ほど、手書きの家計簿がオススメ。無理なく、長く続けられます。

Part 02

手間を減らしてラクに貯まる
家計簿にするためのひと工夫！

あきの家計簿 ～工夫編～

これまでに紹介した基本を守って家計簿をつけていくだけでは、
「つけるだけで、貯まる家計簿」とは、まだまだいえません。

あきの家計簿を「家計の現状把握」しかできない「普通の家計簿」から
「つけるだけで、貯まる家計簿」にするためには、ただ家計簿をつけるだけでなく、
家計簿にひそむ3つの手間を減らす工夫をほどこしていく必要があります。

この家計簿にひそむ3つの手間こそ
「せっかく家計簿をつけても、頑張らないと貯まらない」
家計簿になってしまう原因だったのです。

3つの手間を解消させる工夫をすることで、必要以上に頑張らなくてもいい、
より簡単な「ズボラ家計簿」にすることが可能になります。
お金を貯める効果も上がっていきますよ。

家計簿はつけるだけでは、貯まらない!?

私も昔は、家計簿さえつければ、お金が貯まると思っていました。

でもその考えは甘かったと、今は思っています。

私は、14年間家計簿をつけてきましたが、きっちり家計簿をつけていたのに、貯められなかった時期のほうが長かったのです。金額に狂いはなかったし、つけ方もいい加減ではなかったのに…。

それだけきちんと家計簿をつけていても、お金が貯まるようにはならなかったのです。

読者の方からも過去の私と同じように「家計簿を長年つけてきたけど、お金が貯められるようにならない」という悩みが数多く寄せられています。

このような経験から、私は「普通の家計簿」では、「つけるだけで、お金が貯まる」ようにはならないと考えています。

しかし、この「普通の家計簿」に「ほんのちょっとの工夫」をするだけで、たちまち「本当につけるだけで、貯まる家計簿」に変身させることが可能になります。あき家も、この工夫を加えただけで、お金を貯めるスピードが急激にアップ！

「長年家計簿をつけてきた」という読者の方からも、「あきの家計簿」に変えただけで「本当につけるだけで、お金が貯まるようになった」という声が多数届いています。

あき家の年間貯金額の推移表

2008年	－259万円	マイホーム購入で大赤字
2009年	－16万円	
2010年	－6万円	
2011年	－216万円	マイカー購入で大赤字
2012年	＋30万円	ケチケチ頑張ってなんとか30万円
2013年	＋56万円	なんとなく家計簿のコツをつかむ
2014年	＋97万円	あきの家計簿が完成！ぐんぐん貯金が増えはじめる
2015年	＋107万円	

※上記の金額に株など資産に換えたお金は、含まれていません。

Point

- 家計簿のつけ方を工夫するようになったことで、年間の貯金額が急上昇！
- 家計簿はつけているだけでは、お金は貯まらない

頑張らない、続けられる家計簿とは

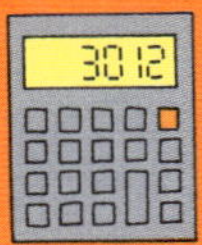

家計簿には、気づかないうちにストレスの原因になる3つの手間がひそんでいます。

1つ目は、つける手間。
2つ目は、予算を立てて守る手間。
3つ目は、家計を振り返る手間。

普通の家計簿だと、この3つに際限なく手間と時間がかかります。

一見これらを簡単にしてくれているような家計簿もありますが、そう見えるだけで、実はたいして効果のない家計簿の方が多いなぁと私自身の体験から感じています。

「つけるだけで貯まる」という言葉が、ただの広告宣伝用のうたい文句だったりすると、なんだかちょっと残念な気分になってしまいますよね。

あきの家計簿は、この3つの手間にできるだけ手間と時間をかけずに、なおかつ、お金を貯める効果が最大限引き出せるようにと工夫しています。

もしも、今までの家計簿が「つけるのに時間がかかる」「予算を立て、守るのが大変」「振り返っても訳が分からない」という家計簿だとしたら、相当頑張らないとお金を貯められません。

これから紹介するあきの家計簿の工夫で、家計簿の3つの手間を減らし、「頑張らない、続けられる家計簿」にしていきましょう。

家計簿にひそむ3つの手間

1
つける手間

2
予算を立てて守る手間

3
家計を振り返る手間

↓

普通の家計簿では、この3つに手間と時間がかかる

↓

手間と時間をかけて家計簿に向きあわないといけなくなる

Point

- 3つの手間がかかる家計簿では、
頑張らないとお金が貯まらない！

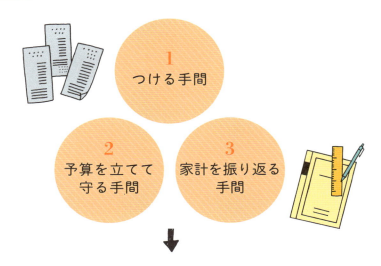

家計簿は、費目分けが超重要！

家計簿を実際につけ始める時に、最初に「費目決め」をします。

何の費目を作って家計を管理していくのかということを決めることです。

「年間の家計簿」で管理する費目は、各家庭により自動引き落としになっているものを書き出していくだけでOK。

ただし、「毎月の家計簿」で何の費目を作るかはよく考えてください。

私は、家計簿には作ってもいい「費目」と作ってはいけない「費目」があると考えています。

まず、**「毎月の家計簿」で管理する費目を作る時は、「食費」「日用品」「娯楽費」「特別費」の4つは必ず入れるようにしてください。**

その他「教育費、習い事費、小遣い」など、必要な費目を左の「作ってもいい費目」の中からいくつか選んで追加してもOK。

だいたい全部で4~8費目程度にすると、ノートの片面1ページにスッキリと収まる分量で書き続けることができます。

各家庭の事情により、オリジナルの費目が必要になる場合も、「作ってはいけない費目」に該当する費目になっていないか確認してください。くれぐれも適当にすませないでくださいね。

・ 毎月の家計簿の費目の決め方 ・

○作ってもいい費目

○食費　○日用品（食費と日用品は分けた方がいい）　○娯楽費
○特別費　○習い事費　○教育費　○ペット費
○夫の小遣い　○妻の小遣い
（小遣いは多すぎない程度にし、毎月ほぼ定額のほうが効果的）

△作ってもいいが、あまりオススメしない費目

△医療費
△ガソリン費
（医療費もガソリン費も頻度が少ない人にとっては、不要のため）

×作ってはいけない費目

×外食費　×交際費　×雑費　×その他費
×オシャレ費　×レジャー費　×クリーニング費
×美容室費　×交通費
×○○ちゃん費など家族の名前がついた費目
×衣服費　×趣味費　×車費　×子供費
（娯楽費、特別費にまとめられるため）

あき家は…

「食費」「日用品」「娯楽費」「特別費」「習い事費」
「夫の小遣い」「教育費」の７費目

費目決めに失敗すると、貯まらない！

私は、どんな費目で家計簿をつけているかを見るだけで、「この費目分けでは貯まらないだろうな」「この費目をこうしたらもっと貯められるだろうな」「この費目ではお金は貯まっても大変だろうな」と判断することができます。**それくらい「費目の決め方」というのは重要なことなのですが、多くの家計簿には「費目の決め方」についての細かな記載がありません。**

あまりに細かすぎて、正直、つけるのがおっくうになってしまうような家計簿もありますよね。費目は、多すぎても少なすぎても、管理がしにくいものなのです。

家計簿の教科書通りに「食費」「日用品」「医療費」「交際費」「衣服費」などと細かく費目を分けると、月に1回程度しかない支出や、月によってはゼロ円という支出にも費目をさかなくてはいけなくなり、書く分量が増え、合計を計算する費目も増え、管理に時間がかかるようになります。**また、費目の予算を決める時に、あまりに細かい費目だと予算を立てるのも、守るのも大変になります。**

ちょっとしたことなのですが、ここを工夫するだけで、家計簿にかける時間が大きく短縮されるようになるのです。

費目の決め方を間違えると貯まらない

外食、衣服費、交際費…など
あまりに**細かく費目を作る**と

全部の費目の予算と実績を覚えられない

↓

家計簿を何度も**見直す手間**がかかる
頑張らないと予算が守れない

↓

つけても、貯まらない家計簿になる

Point

- 費目はたくさん作るよりも、ポイントを絞って効果的に
- 費目の決め方で、家計簿にかける時間が短縮できる

「基本ルール」を決めるのが、ポイント

何の支出をどこの費目に入れるかについても基本ルールを決めると、さらにお金が貯まりやすくなります。

例えば、「食費」には「外食」は入れない、「日用品」には「雑貨」は入れない、「教育費」には「子供の衣類」は入れない、など。

基本ルールは、1つのレシートの合計金額に対して1回、「どうしても今買わないといけないものか」「来月買っても間に合うものか」をざっくり考えるだけ。 難しく考えなくても、大丈夫。

まずは「食費」「日用品」の中に、買わなくても生活できる余計なものを入れないようにすること。

「食費」でも「日用品」でもないものは、「娯楽費」か「特別費」に入れること。これを守ってくださいね。

「娯楽費」に入れるか「特別費」に入れるかは、「金額」と「イベント性」で判断します。

例えば、外食、ちょっとした衣類、ゲームセンター、映画館、動物園など「比較的少額なお楽しみ」は、「娯楽費」に。

旅行、家電、インテリア用品、冠婚葬祭、父の日や母の日、実家帰省費、誕生日プレゼントなど「比較的高額でイベント性のあるお楽しみ」は、「特別費」にします。

毎月の家計簿の基本ルール

●食費

外食は「娯楽費」。自動販売機のジュースは「娯楽費」。コンビニで買ったお昼ご飯は「娯楽費」。毎日の基本の食事のための支出のみを「食費」にする。ただし、外食が基本の食事の場合は食費に入れてもOK。

●日用品

トイレットペーパー、シャンプー、学校の文具、切手、宅配便、基礎化粧品、どうしても必要なもののみ。私はガソリンも日用品にしています。サプリメントや高額な化粧品は「個人の小遣い」。雑貨は娯楽費。

●娯楽費

外食、交際費、下着などのちょっとした衣類、ちょっとしたレジャーなど。私はちょっとした医療費もここに含めています。比較的少額な支出（1回の支払いが10,000円以下を目安に）。イベント性のあまりないもの。

●特別費

旅行、車検、クリーニング代、美容室費、高額な医療費、冠婚葬祭、誕生日プレゼント、家電やインテリア用品、まとまった金額の衣類など、比較的高額で季節やイベントに関連する支出。

●教育費

学校からいつまでに払ってくださいと言われたもののみ。

「基本ルール」が、予算の成功率を上げる！

食費に「外食」を入れない、日用品に「雑貨」を入れないなど、家計簿のつけ方にルールを作るなんて、ちょっと面倒くさいと思うかもしれません。

でも…、家計簿はただ「つけるだけで終わり」ではなく、後に「予算を立て、予算を守る」という作業が必要になるものです（詳しい予算の立て方は、Part3で説明しています）。

いざ予算を立てて守ろうとする時に、もし食費に外食が含まれていたり、日用品に100円均一ショップで購入した「雑貨」や「食器」などが含まれていたらどうなると思いますか？

1度の外食で食費の予算が大幅にオーバーしてしまったり、日用品もその月だけ異様に高くなっていたり、安くなっていたり…。

これでは、毎月支出がいくらになるか分からないですし、毎月予算を一体いくらにすればいいのか分かりにくいですよね。

ルールがない家計簿では、予算が立てにくく、せっかく予算を立てても守りにくい家計簿になってしまうのです。

家計簿のつけ方にルールを決めるのは、面倒なようですが、後の「予算を立て、予算を守る」という作業をラクにするための工夫になります。

家計簿のつけ方にルールを作る理由

例えば…

食費から外食やカフェや
自動販売機のジュースなどをはずすと…

本来の食費が
いくらか？が
見えてくる

予算が
月によって
ブレない♪

↓

予算が立てやすく、
守りやすくなる

Point

- ルールを決めることで、
予算を立て予算を守ることが簡単に！
- 頑張らなくても、予算が守れるようになる

基本的に、カード払いは禁止

今までに紹介した方法で、家計簿をつけていっても盲点になりやすいのが、カード払いの存在です。

インターネットショッピングが便利になり、クリックするだけで買い物ができて、おうちまで運んでくれる手軽さについつい気がゆるんでしまいますよね。

あき家でも貯められなかった時期のカード払いは、ふと気づいたら年間50万円を超えていて、がくぜんとしました。

「ネットの方が安いから」。

「あと1000円で送料無料だから」。

「ポイントが貯まるから」。

お得に買い物をするつもりのカード払い。高いものを買った覚えも、必要以上にムダなものを買った覚えもないのに、積もり積もって年間で50万円以上の出費になっている曲者《くせもの》だったのです。

あき家では、現在「基本的にカード払いは、禁止」を貫いています。どうしてもの時は現金払いと同様の扱いにし、注文時に現金を取り分けることで、カード払いはゼロ円。

P54からカード払いの家計簿のつけ方を2パターン紹介しますので、そのうちのどちらかで対策を練ってみてください。

カード払いの危険性を考える

ネットの方が安い、ポイントが貯まる

↓

お得に買い物をするつもりでムダ使いが増える

↓

給料が入ると同時に現金がなくなる

↓

現金がないのでカードをさらに使う

↓

いつの間にか**支払い能力を超えてしまう**

という**悪循環**にも!!

Point

- カード払いは、「ゼロ円」にすることが理想
- ポイントや目先の値段の安さにごまかされない

カード払いのつけ方

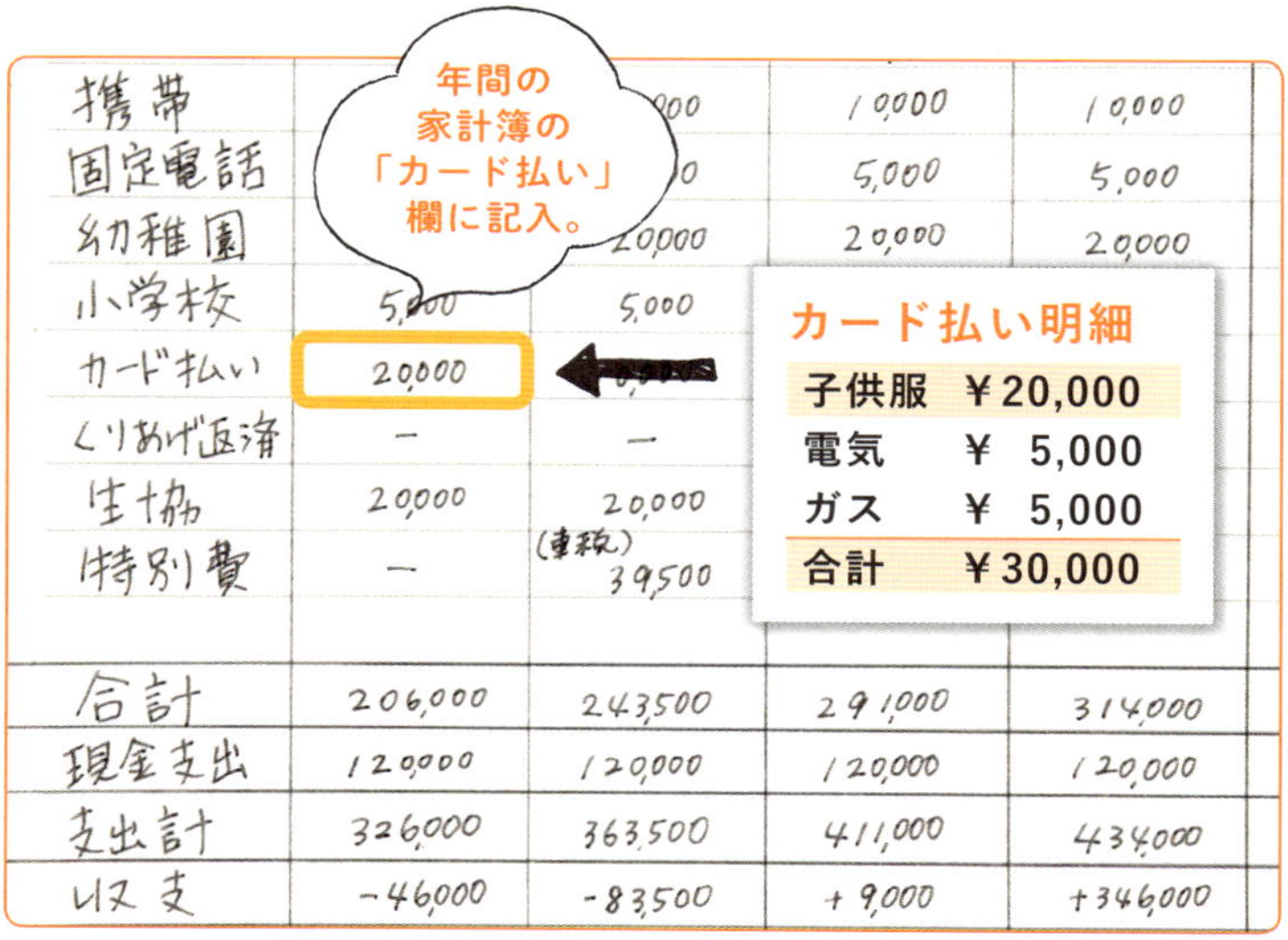

年間の家計簿の「カード払い」欄に記入。
携帯 10,000 10,000
固定電話 5,000 5,000
幼稚園 20,000 20,000 20,000
小学校 5,000 5,000
カード払い 20,000
くりあげ返済 ー ー
生協 20,000 20,000
特別費 ー (車税) 39,500
合計 206,000 243,500 291,000 314,000
現金支出 120,000 120,000 120,000 120,000
支出計 326,000 363,500 411,000 434,000
収支 −46,000 −83,500 +9,000 +346,000
カード払い明細
子供服 ¥20,000
電気 ¥ 5,000
ガス ¥ 5,000
合計 ¥30,000

電気、ガスなど別で集計している支出を除いた金額を記入してください。

1番簡単なカード払いの管理方法は、「年間の家計簿」に「カード払い」という費目を作り、そこに「引き落としがあった月」に「引き落とされた金額を記入する」方法です。

カード払いに「電気、ガス、生命保険、携帯電話」など、別で集計している支出が含まれている場合は、それらの支出は引いて、残った金額だけをまとめて記入します。

使いすぎを防止するために、**何にいくら使ったという明細を空いているところにメモしておきましょう。**

できれば左ページの方法でカード払いを管理するとお金が貯まりやすくなりますが、このやり方は面倒でそこまでできないという方向けです。

カード払いは、現金払い扱いにする

日付	食費	日用品	パパこづかい	教育費	娯楽費	特別費	支出計	残高
4/1	スーパー ¥2000	オムツ ¥1200					¥3200	¥30000
2	米 ¥2000				ランチ ¥1500		¥3500	(銀行¥20000) ¥46500
3	スーパー ¥3000				カフェ ¥500		¥3500	¥43000
4	酒 ¥2000	ノート ¥120	¥5000	写真 ¥800			¥7920	¥35080
小計	¥9000	¥1320	¥5000	¥800	¥2000		¥18120	¥35080
8					(カード) 子供服 ¥5000	(カード) 旅行 ¥30000	¥35000	¥80
10	スーパー ¥2000						¥2000	(銀行¥20000) ¥18080
11	スーパー ¥2000				外食 ¥3000		¥5000	¥13080
14		ティッシュなど ¥1000	¥6000				¥7000	¥6080
小計	¥4000	¥1000	¥6000		¥8000	¥30000	¥49000	¥6080

☑「毎月の家計簿」の「娯楽費」「特別費」欄に記入
☑「現金」を取り分け、保管
☑引き落とし月に口座に入金

カード払いを現金扱いにするだけで、かなりの節約効果があります。

より使いすぎを防止する機能があるのは、「カード払いを現金払いと一緒の扱いにする」方法です。

カードで買い物をしたら、支払い金額をお財布から取り分け、封筒などに入れて保管し、引き落とし月に口座に入金します。

金額を記入する場所は「毎月の家計簿」です。「食費」「日用品」以外のカード払いは、基本的に「娯楽費」、または「特別費」にします。「娯楽費」には「比較的少額なお楽しみ」、「特別費」には「比較的高額でイベント性のあるお楽しみ」を入れます。

ちょっと面倒くさいのですが、あき家は、この方法で処理しています。

ラクに時短につながる！3つの技

家計簿のつけ方を工夫して、家計簿にかける時間をさらに短縮します。

1 ポイントで買い物をした時

5000円が、ポイントで500円割引になった
➜家計簿には、4500円と割引後の金額を記入。

ポイントや図書カードで、全額割引になった
➜家計簿にはつけない。
買い物しなかったことにしてしまう。つける手間をはぶく。

ポイントをいくら使ったかまで管理するのは、手間がかかり大変です。

2 何日分かまとめてつける時

NO.
DATE

日付	食費	日用品	パパこづかい	教育費	娯楽費	特別費	支出計	残高
4/1	スーパー¥2000						¥2000	¥18000
2		オムツ¥1200					¥1200	¥16800
3					ランチ¥1500		¥1500	¥15300

レシートをためてしまうとつけるのも大変。

3日分を3行も書くのは、面倒くさい

↓

NO.
DATE

日付	食費	日用品	パパこづかい	教育費	娯楽費	特別費	支出計	残高
4/1〜3	スーパー¥2000	オムツ¥1200			ランチ¥1500		¥4700	¥15300

まとめて1行でもOK！

3 旅行やレジャーの時

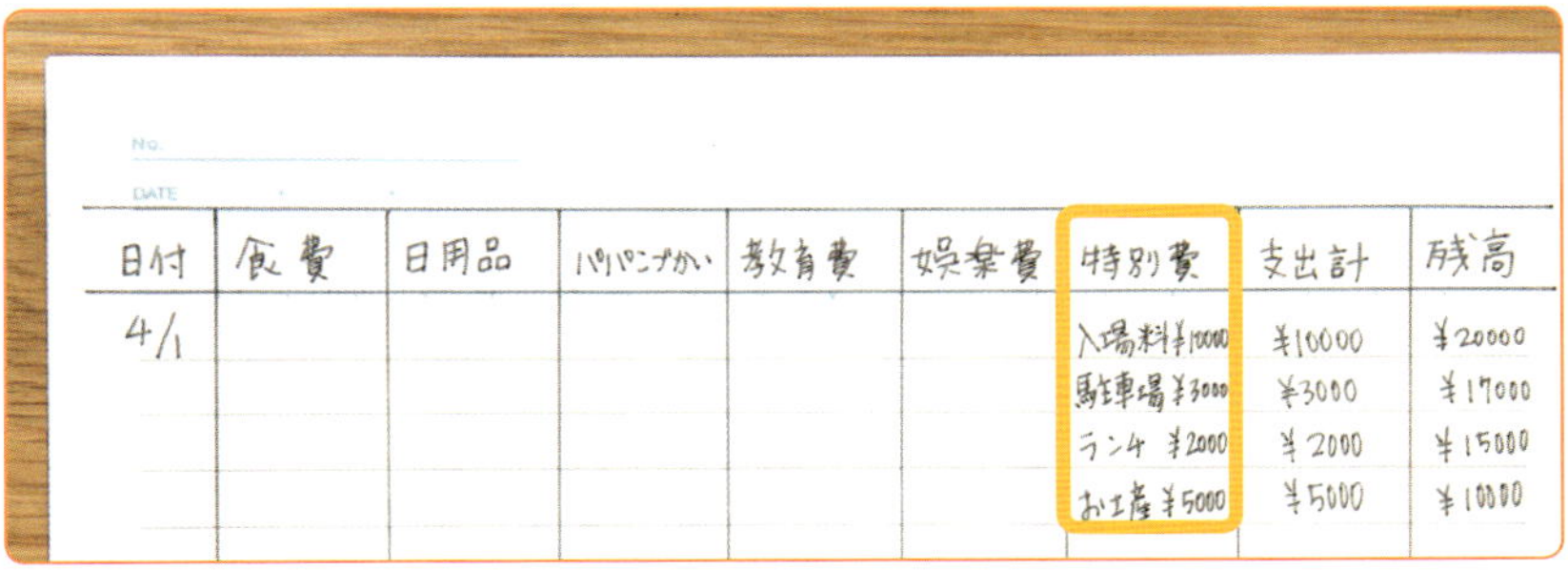

No.

DATE

日付	食費	日用品	パパこづかい	教育費	娯楽費	特別費	支出計	残高
4/1						入場料¥10000	¥10000	¥20000
						駐車場¥3000	¥3000	¥17000
						ランチ ¥2000	¥2000	¥15000
						お土産¥5000	¥5000	¥10000

旅行やレジャーの時は、１度の外出でたくさんのレシートがでるもの。

細かな内容まで記入するのは、面倒くさい…

↓

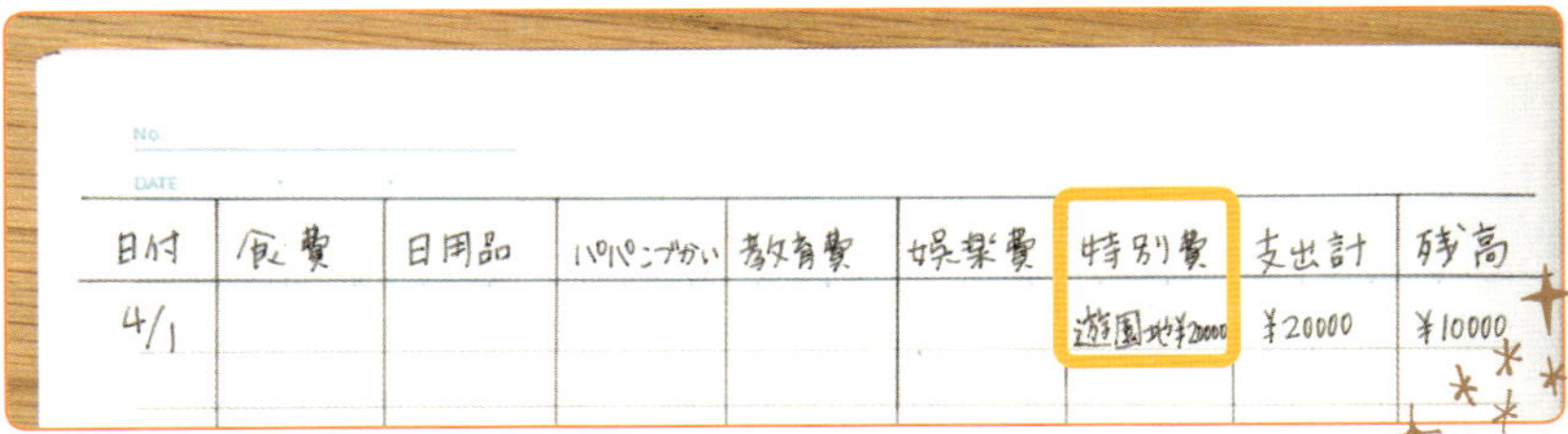

No.

DATE

日付	食費	日用品	パパこづかい	教育費	娯楽費	特別費	支出計	残高
4/1						遊園地¥20000	¥20000	¥10000

まとめて１枠でもＯＫ！

Point

- 家計簿は細かくつければ、いいわけではない
- ざっくりまとめられるところは、まとめて！
- なるべくラクに、なるべく簡単に！

どうしても、計算が合わない時は？

家計簿を続けていると、「どうしても計算が合わない」という日がやってきます。

もちろん、計算が合わないということがないのが1番いいのですが、レシートをもらい忘れてしまったりして、どうしても計算が合わないのに「ええっと、あの時どこへ行ったっけ。何にお金を使ったっけ」などと記憶をたどっていると、あっという間に時間がたってしまいますよね。

私は、家計簿を長く続けるコツは、「家計簿にかける時間を極力短くすること」だと思っています。

ですから、私は週に2、3回、1回1～3分程度しか家計簿には時間をかけません。

そんな私ですから、「どうしても計算が合わない」ということにあれこれと悩んで立ち止まっている時間はもったいないと思うのです。

もしも、ちょっと考えても何に使ったか分からない「不明金」が出てしまったら、私は「不明金」として、「娯楽費」に計上しています。

「不明金」を毎月のお楽しみにあたる「娯楽費」に計上することで、お楽しみを減らしたくないから、次は「不明金」を出さないようにしようと振り返ることもできます。

多少の「不明金」は仕方のないものですが、「不明金」が続出しないように気をつけましょう。

不明金の家計簿のつけ方

例えば…

家計簿では残高が
あと10,000円あるはず！

↓

実際は8,000円しかない

2,000円は何に使ったのだろう？

↓

考えても分からない時は、
毎月の家計簿の「娯楽費」に
不明金2,000円と記入

Point

- 考えても思い出せない支出は、「不明金」に
- 不明金は、毎月の家計簿の「娯楽費」に

ちょっとした工夫で、ラクな家計簿に！

今までに紹介してきた方法で家計簿をつけていくと、つける手間、予算を立てて守る手間、家計を振り返る手間という3つの手間がかなり短縮されます。

まず、品名を詳細につける必要がなくなります。数日分をまとめてつけてもOKなので、つける手間が少なく短時間で終わります。簡単なので、ラクに続けていくことができます。

費目の決め方や、何の支出をどの費目に入れるかを工夫することで、月によって予算がブレることを未然に防ぐことができます。

また、予算が立てやすくなり、予算を守ることも容易になります。

予算を立て、守る手間を減らしているので、どこにムダが潜んでいるのか、なぜ予算が守れなかったのかと家計簿を振り返る手間もはぶけます。

このように、3つの手間を極力少なくすることで、ただ単純に作業がラクになるだけでなく、家計簿を続けていくストレスが減るのです。成果を出すことができず、頑張りが足りなかったと自分を責めて苦しむこともなくなり、気持ちもラクになります。

ほんの少しの工夫で、必要以上に頑張らない、ズボラ家計簿が完成するのです。

あきの家計簿の３つの工夫

1
費目の
決め方を
工夫する

2
何の支出を
どの費目に
つけるか
工夫する

3
つける手間を
減らす
工夫をする

↓

３つの工夫で
手間を減らすことができる！

×つける手間 ×予算を立てて守る手間 ×振り返る手間

Point
●手間を減らす工夫で、頑張らなくても
お金が貯まる家計簿になる！

Column

あきの財布

お金が思うように貯められなかった頃と、今を比較して変わった！　と思えるものの1つが「お財布の中身」です。

お金が思うように貯められなかった頃は、少しでもポイントがもらえるならと、いろいろなお店のポイントカードをいつもたくさん持ち歩いていました。しかし、ポイントにこだわらない生活を送るようにしてから、ポイントカードの枚数は、必要最低限だけに淘汰されました。

私がいつもお財布に入れているのは、行く頻度の高いお店のポイントカード3枚と、免許証と図書館の利用カードの計5枚だけ。ハンコを押してもらうようなメンバーズカードは、1枚も持ち歩きません。

クレジットカードも入っていませんし、銀行のカードも入っていないので、出先で急にお金をおろすということもありません。

お財布には、今日、明日使う分のお金だけしか入っていません。大きなお金が必要な時は、必要な時に必要な分だけ入れるようにしています。

レシートが2、3枚たまったら家計簿をつけるので、レシートでパンパンになってしまうこともありません。こうすることでいつもスッキリ、気持ちがいいお財布をキープできます。

カード類を少なく整理することで、スッキリしたお財布がキープできます。

Part 03

どんどんお金が貯まる！
効果が実感できる魔法の進め方

あきの家計簿
〜進め方編〜

1ヵ月目、2ヵ月目、3ヵ月目と実際に「あきの家計簿」にチャレンジする時に、気をつけてほしいポイントがあります。

それは「予算を決めて守る」こと。

この進め方のポイントをおさえながら家計簿をつけていくと、何に気をつけながら家計管理をしていけばいいのかが、自然に分かるようになります。

今までは急な出費が多く、なかなか思うように家計をコントロールすることができなかったという方も、「特別費の年間予算表」を作成することで、急な出費を「予定通りの出費」に変えることができるようになります。

1年後には、「貯金率の計算」や、次の年の「貯金計画」も立てられるようになり、家計管理に自信がもてるようになります。

1ヵ月目は、ただ・つけてみる!

あきの家計簿を用意したら、1ヵ月目はまず実際につけてみてください。

予算を立てた方がいいのかな？　もっとこうしたほうがいいのかな？　といろいろ考えてしまうこともあるかもしれません。**でも、初めの1ヵ月目は、ただつけるだけに集中してください。**

急に張り切って節約をする必要もありません。難しく考えないで、1日1行「毎月の家計簿」を書くということを続けてみてください。

そして、締め日になったら「年間の家計簿」の今月分の集計表を完成させてみてください。その際、赤字か黒字かも気にしなくて大丈夫。

1ヵ月の作業が終わったら、いろいろな費目の中でも、**特に「食費」「日用品」「娯楽費」「特別費」「カード払い」が一体いくらになったか、振り返ってみましょう。**

「思ったより食費が高くない」「思ったより外食の回数が多いな」など、何か気づくことがあったのではないでしょうか。

まずは、このように気づくことが大切です。

初めのうちは、カード払いは「年間の家計簿」のカード払いの費目で管理しましょう。慣れてきたら、徐々にカード払いゼロ円計画に挑戦してみてくださいね。

1ヵ月目の進め方（記入例）

日付	食費	日用品	パパこづかい	教育費	娯楽費	特別費	支出計	残高
4/1	スーパー ¥2000	オムツ ¥1200					¥3200	¥30000
2	米 ¥2000				ランチ ¥1500		¥3500	(銀行¥20000) ¥46500
3	スーパー ¥3000				カフェ ¥500		¥3500	¥43000
4	酒 ¥2000	ノート ¥120	¥5000	写真 ¥800			¥7920	¥35080
	¥9000	¥1320	¥5000	¥800	¥2000		¥18120	¥35080
					(カード) 子供服 ¥5000	(カード) 旅行 ¥30000	¥35000	¥80
							¥2000	(銀行¥20000) ¥18080
					外食 ¥3000		¥5000	¥13080
		ティッシュなど ¥1000	¥6000				¥7000	¥6080
小計	¥4000	¥1000	¥6000		¥8000	¥30000	¥49000	¥6080
16	スーパー ¥2000						¥2000	¥4080
17	スーパー ¥3000	ガソリン ¥2000			おかし ¥1000		¥6000	(銀行¥20000) ¥18080
18	スーパー ¥1500				ランチ ¥1500		¥3000	¥15080
20	スーパー ¥2000		(のみ会) ¥5000				¥7000	¥8080
2	スーパー ¥3000		¥6000			美容室 ¥6000	¥15000	(銀行¥20000) ¥13080
小計	¥11500	¥2000	¥11000		¥2500	¥6	¥33000	¥13080
2	スーパー ¥2000	オムツ ¥1200			ランチ ¥15			¥8380
24	スーパー ¥2000				ドーナツ			¥5380
25	スーパー ¥3000							(銀行¥20000) ¥22380
26	スーパー ¥2000	シャンプーなど ¥3000						¥17380
2	スーパー ¥1500		¥6000		外食 ¥3000		¥10500	¥6880
小計	¥10500	¥4200	¥6000		¥5500		¥26200	¥6880
29	スーパー ¥3000			教材費 ¥2000	雑誌 ¥500		¥5500	(銀行¥20000) ¥21380
30	スーパー ¥2000	はぶらし ¥500	(のみ会) ¥5000		カフェ ¥500		¥8000	¥13380
小計	¥5000	¥500	¥5000	¥2000	¥1000		¥13500	¥13380
合計	¥40000	¥9020	¥33000	¥2800	¥19000	¥36000	¥139820	¥13380

思ったより
食費が高く
なかった…

思ったより
外食の回数が
多いな…

まずは、気づくことからスタート！

1ヵ月目はあれこれ考えず、まずはつける習慣を身につけましょう。

2ヵ月目は、予算決めにチャレンジ！

あきの家計簿をつけ始めて2ヵ月目になったら、予算を立ててみましょう。

予算を立てる費目は、「食費」「日用品」「娯楽費」この3つだけでOKです。

1ヵ月目の「食費」「日用品」「娯楽費」の集計結果をそのまま予算にしてみましょう。

例えば、1ヵ月目の「食費」が3万9500円だったら、4万円を今月の予算にすればOKです。

厳しい予算を組むよりも、先月、普通に生活して必要だなと思った金額を予算にすれば大丈夫。

今月は、この予算内に支出を収めるように気をつけながら家計簿をつけることを課題にしてみてください。

予算を立てたことがない方にとっては、初めてのことで難しく感じることもあるかもしれません。

でも、初めての方も今まで予算を立てても守れたことがないという方も安心してくださいね。

今まであきの家計簿のつけ方の基本と工夫を紹介してきたので、この基本と工夫を守って家計簿をつけている方は、不思議と予算が守れないということがなくなっているはずです。

もしも予算が守れなかったとしても、続けていくうちにコツがつかめるようになりますから、慌てる必要はありませんよ。

2ヵ月目の進め方（記入例）

日付	食費	日用品	パパこづかい	教育費	娯楽費	特別費	支出計	残高
4/1	スーパー ¥2000	オムツ ¥1200					¥3200	¥30000
2	米 ¥2000				ランチ ¥1500		¥3500	(銀行¥20000) ¥46500
3	スーパー ¥3000				カフェ ¥500		¥3500	¥43000
4	酒 ¥2000	ノート ¥120	¥5000	写真 ¥800			¥7920	¥35080
小計	¥9000	¥1320	¥5000	¥800	¥2000		¥18120	¥35080
8					(カード) 子供服 ¥5000	(カード) 旅行 ¥30000	¥35000	¥80
10	スーパー ¥2000						¥2000	(銀行¥20000) ¥18080
11	スーパー ¥2000				外食 ¥3000		¥5000	¥13080
14		ティッシュなど ¥1000	¥6000				¥7000	¥6080
小計	¥4000	¥1000	¥6000		¥8000	¥30000	¥49000	¥6080
16	スーパー ¥2000						¥2000	¥4080
17	スーパー ¥3000	ガソリン ¥2000			おかし ¥1000		¥6000	(銀行¥20000) ¥18080
18	スーパー ¥1500				ランチ ¥1500		¥3000	¥15080
20	スーパー ¥2000		(のみ会) ¥5000				¥7000	¥8080
21	スーパー ¥3000		¥6000			美容室 ¥6000	¥15000	(銀行¥20000) ¥13080
小計	¥11500	¥2000	¥11000		¥2500	¥6000	¥33000	¥13080
23	スーパー ¥2000	オムツ ¥1200			ランチ ¥1500		¥4700	¥8380
24	スーパー ¥2000				ドーナツ ¥1000		¥3000	¥5380
25	スーパー ¥3000						¥3000	(銀行¥20000) ¥22380
26	スーパー ¥2000	シャンプーなど ¥3000					¥5000	¥17380
27	スーパー ¥1500		¥6000		外食 ¥3000		¥10500	¥6880
小計	¥10500	¥4200	¥6000		¥5500		¥26200	¥6880
29	スーパー ¥3000			教材費 ¥2000	雑誌 ¥500		¥5500	(銀行¥20000) ¥21380
30	スーパー ¥2000	はぶらし ¥500	(のみ会) ¥5000		カフェ ¥500		¥8000	¥13380
小計	¥5000	¥500	¥5000	¥2000	¥1000		¥13500	¥13380
合計	¥40000	¥9020	¥33000	¥2800	¥19000	¥36000	¥139820	¥13380

前月の合計を予算にします。まずは、
食費、日用品、娯楽費の３費目だけでＯＫ

２ヵ月目は予算を決めて、守ることにチャレンジしましょう。

3ヵ月目は、予算の見直し！

あきの家計簿、2ヵ月目に立てた「食費」「日用品」「娯楽費」の3つの予算は守れたでしょうか？

数百円程度の予算オーバーは気にしなくても大丈夫。ただし、予算が1万円もオーバーしてしまうようなら、立てた予算に問題があるので、予算にした金額を見直しましょう。

なるべく予算以下になるようにと頑張ってしまうと、だんだんつらくなってしまいます。早々に挫折してしまうことにならないよう、**予算はあますことなく使い切るようにしてくださいね。**

このように、3ヵ月目は2ヵ月目に立てた予算の見直しをしましょう。予算がきつすぎないか？ ゆるすぎないか？ この金額なら守れるという予算の枠をしっかり決めましょう。

ここでも予算を決めるのは、「食費」「日用品」「娯楽費」の3つだけでOKです。

支出を完全に意のままにコントロールし、貯まる家計簿にできるかどうかは、手始めに「食費」「日用品」「娯楽費」を完全に「毎月同じ予算でやりくりする固定費」にできるかできないかで明暗が分かれます。**「食費」「日用品」「娯楽費」が、毎月いくらになるか分からない「変動費」のままではダメなのです。**

3ヵ月目の進め方（記入例）

日付	食費	日用品	パパこづかい	教育費	娯楽費	特別費	支出計	残高
4/1	スーパー ¥2000	オムツ ¥1200					¥3200	¥30000
2	米 ¥2000				ランチ ¥1500		¥3500	(銀行¥20000) ¥46500
3	スーパー ¥3000				カフェ ¥500		¥3500	¥43000
4	酒 ¥2000	ノート ¥120	¥5000	写真 ¥800			¥7920	¥35080
小計	¥9000	¥1320	¥5000	¥800	¥2000		¥18120	¥35080
8					(カード) 子供服 ¥5000	(カード) 旅行 ¥30000	¥35000	¥80
10	スーパー ¥2000						¥2000	(銀行¥20000) ¥18080
11	スーパー ¥2000				外食 ¥3000		¥5000	¥13080
14		ティッシュなど ¥1000	¥6000				¥7000	¥6080
小計	¥4000	¥1000	¥6000		¥8000	¥30000	¥49000	¥6080
16	スーパー ¥2000						¥2000	¥4080
17	スーパー ¥3000	ガソリン ¥2000			おかし ¥1000		¥6000	(銀行¥20000) ¥18080
18	スーパー ¥1500				ランチ ¥1500		¥3000	¥15080
20	スーパー ¥2000		(のみ会) ¥5000				¥7000	¥8080
21	スーパー ¥3000		¥6000			美容室 ¥6000	¥15000	(銀行¥20000) ¥13080
小計	¥11500	¥2000	¥11000		¥2500	¥6000	¥33000	¥13080
23	スーパー ¥2000	オムツ ¥1200			ランチ ¥1500		¥4700	¥8380
24	スーパー ¥2000				ドーナツ ¥1000		¥3000	¥5380
25	スーパー ¥3000						¥3000	(銀行¥20000) ¥22380
26	スーパー ¥2000	シャンプーなど ¥3000					¥5000	¥17380
27	スーパー ¥1500		¥6000		外食 ¥3000		¥10500	¥6880
小計	¥10500	¥4200	¥6000		¥5500		¥26200	¥6880
29	スーパー ¥3000			教材費 ¥2000	雑誌 ¥500		¥5500	(銀行¥20000) ¥21380
30	スーパー ¥2000	はぶらし ¥500	(のみ会) ¥5000		カフェ ¥500		¥8000	¥13380
小計	¥5000	¥500	¥5000	¥2000	¥1000		¥13500	¥13380
合計	¥40000	¥9020	¥33000	¥2800	¥19000	¥36000	¥139820	¥13380

☑ 3つの予算を守れたか　☑ 娯楽費の内容を振り返る
☑ 3つの支出を毎月同じ金額の固定費にする

3ヵ月目は、ゆるすぎず、きつすぎない予算に調整しましょう。

予算を制するものが、家計を制す！

3ヵ月間家計簿をつけたら、ちょっと立ち止まって3ヵ月分の家計簿を振り返ってみましょう。

「食費」「日用品」「娯楽費」の3つに予算を決めて、それを守るということをしてきましたが、予算は守れるようになりましたか？

まずは、この予算が守れるようになることが、「つけるだけで、お金が貯まる家計簿」になるかどうかの第一関門です。

予算を決めて、予算を守るということはあきの家計簿だけでなく、どの家計簿でも推奨されていることですよね。

この3つの予算がいつまでたってもまったく守れないというようでは、あきの家計簿だけでなく、どの家計簿を使ったところでお金が貯まるようになるとは思えません。

今月だけ予算を安くすませられた、オーバーしてしまったという「今月だけの特例」を出さずに、毎月同じ金額でやりくりしてみてくださいね。

「食費」「日用品」「娯楽費」の予算は、互いに補完しあってもOKです。食費が足りなくなりそうだったら、「娯楽費」を食費にまわしてもOK。「食費」「日用品」「娯楽費」と、単体で見るのではなく、3つの費目の予算の合計で見てくださいね。

食費、日用品、娯楽費の予算を守るコツ

［予算］

食費	50,000円
日用品	10,000円
娯楽費	30,000円
計	90,000円

の場合…

もしも

月末の食費が50,000円をこえてしまいそう！
娯楽費は、まだあまっている！

↓

そんな時は…

1 食費は50,000円のまま

2 娯楽費に「食費補助2,000円」と記入

3 娯楽費で食費をカバー

3つの支出で合計90,000円の予算は守る

↓

予算を守るのがラクになる

Point

- 数百円の予算オーバーは、気にしない
- 食費、日用品、娯楽費は互いに補完しあってもOK

予算は立てすぎても、失敗のもと

食費、日用品、娯楽費の予算を決め、予算を守るようにしてくださいというと、必ず「じゃあ、なんでもかんでも予算を立ててみよう！」とする方がいます。

「夫の小遣い、教育費、医療費、習い事費、自分で作成したオリジナルの費目」など、すべてに予算を立てて、それを守ろうと必死になってしまうのです。もちろん、そのように予算を立てることは必ずしも悪いことではありません。

でも、「教育費」は「先月は集金がなかったけれど、今月は急に教材費の支払いがあって」などのように、「急な出費」によって予算が大きく左右されてしまう費目ですよね。

また、「習い事費」も「今月は発表会や合宿などのイベントがあって」などという理由で、毎月同じ予算でやりくりするのが難しい費目といえます。

毎月いくらと予算を決めても、守れたり守れなかったりの結果になってしまうような費目には、無理して毎月の予算を立てなくても大丈夫。

ただ、そのように「月単位で予算を決めても無意味になる費目」でも、「年間」で見ると「毎年同じような金額」に収まっているということも多いものです。そう考えれば、「毎月予算が守れない！」と慌てなくてすみます。

守るべき予算と守れなくてもいい予算

［守るべき予算］
- □食費
- □日用品
- □娯楽費 など

月単位で
予算を立てても
守りやすい

［守れなくてもいい予算］
- □教育費
- □医療費
- □習い事費 など

月単位で
予算を立てても
守りにくい

⋮

ただし、年単位で
予算を立てると
守れることも…

Point

- 急な出費があり、毎月予算が安定しない費目は、
  月で管理するより年間で
- 何でも予算を立てて守ることに頑張らなくてもOK

特別費の予算を立ててみよう！

あきの家計簿をまずは3ヵ月つけてみて、「食費、日用品、娯楽費」を「毎月同じ予算でやりくりする固定費」にすることができたら、次は特別費の予算を立ててみましょう。

「特別費」というのは、「旅行、家電、インテリア用品、美容室、クリーニング、誕生日プレゼント、冠婚葬祭」など季節やイベントによって起こる支出のことです。これを私は毎年4月に表にしています（1月始まりの方は、1月でOK）。

このような表を作っている人はたくさんいると思いますが、私はちょっとアレンジをしていて、**ひとまとめにして書き出すのではなく、費目ごとに細かく予算を立てるようにしています。**

私が「特別費」として計上している費目は、おそらく普通は、毎月の支出に何気なく組み込んでいることが多いと思います。これをあえて「特別費」にすることに意味があるのです。

貯金＝旅行などに使うお金と考えて、「特別費」は貯金から出すという方もいますが、**私は「当面使わないお金」しか貯金とは考えないので、「特別費」は貯金からは一切出しません。**

そうすることで、貯まったと思ったら家族旅行などに使ってしまって、結局貯まらなかったということがなくなるのです。

「特別費」年間予算表（記入例）

特別費年間予算表

月	美容室	衣服費	臨時費	イベント費	レジャー費	家電・インテリア費	その他	合計
4月	パパ・ママ ¥12000		積立¥5000	歯医者¥10000 たんじょう日¥10000	積立¥5000	積立 ¥5000		¥47000
5月	子供 ¥3500		¥5000	クリーニング¥10000 母の日 ¥10000	¥5000 GWレジャー¥40000	¥5000	車税 ¥40000	¥118500
6月			¥5000	たんじょう日¥10000 父の日 ¥10000	¥5000	¥5000	固定資産税 ¥120000	¥155000
7月	パパ・ママ ¥12000	夏物まとめがい ¥50000	¥5000		¥5000 夏休みレジャー¥60000	¥5000		¥137000
8月	子供 ¥3500		¥5000	実家帰省 ¥20000	¥5000 夏休みレジャー¥30000	¥5000	車保険 ¥40000	¥108500
9月			¥5000		¥5000	¥5000		¥15000
10月	パパ・ママ ¥12000		¥5000		¥5000	¥5000		¥27000
11月	子供 ¥3500	冬物まとめがい ¥50000	¥5000	年賀状 ¥10000	¥5000	¥5000		¥78500
12月		パパスーツ ¥100000	¥5000	クリスマス ¥20000	¥5000 年末旅行¥100000	¥5000	NHK受信料 ¥25000	¥260000
1月	パパ・ママ ¥12000		¥5000	実家帰省 ¥20000	¥5000	¥5000		¥47000
2月	子供 ¥3500	ママバッグ ¥50000	¥5000	クリーニング ¥10000	¥5000	¥5000		¥78500
3月			¥5000 その他 ¥50000		¥5000 春休みレジャー¥50000	¥5000		¥115000
合計	¥62000	¥250000	¥110000	¥140000	¥340000	¥60000	¥225000	¥1187000

「特別費」の予算表は、ジャンル別に記入して、見やすく分かりやすく！

特別費①（美容室費編）

毎月の家計簿はこうつける！

娯楽費	特別費	支出計
	美容室¥5000	
	コート¥50000	
	祝い金¥5000	
	父の日¥10000	
	旅行¥100000	
	積立¥5000	

予算を立てれば、美容室費はムダに削ろうとしなくてもOK。

特別費年間予算表

月	美容室	衣服費	臨時費	イベント費	レジャー費	家電・インテリア	その他	合計
4月	パパ・ママ ¥12000		積立¥5000	[illegible]¥10000 たんじょう日¥10000	積立¥5000	積立 ¥5000		¥47000
5月	子供 ¥3500		¥5000	クリーニング¥10000 母の日¥10000	¥5000 GWレジャー¥40000	¥5000	車税 ¥40000	¥118500
6月			¥5000	たんじょう日¥10000 父の日¥10000	¥5000	¥5000	固定資産税 ¥120000	¥155000
7月	パパ・ママ ¥12000	夏物まとめ買い ¥50000	¥5000		¥5000 夏休みレジャー¥60000	¥5000		¥137000
8月	子供 ¥3500		¥5000	実家帰省 ¥20000	¥5000 夏休みレジャー¥30000	¥5000	車保険 ¥40000	¥108500
9月			¥5000		¥5000	¥5000		¥15000
10月	パパ・ママ ¥12000		¥5000		¥5000	¥5000		¥27000
11月	子供 ¥3500	冬物まとめ買い ¥50000	¥5000	年賀状 ¥10000	¥5000	¥5000		¥78500
12月		パパスーツ ¥100000	¥5000	クリスマス ¥20000	¥5000 年末旅行¥100000	¥5000	NHK受信料 ¥25000	¥260000
1月	パパ・ママ ¥12000		¥5000	実家帰省 ¥20000	¥5000	¥5000		¥47000
2月	子供 ¥3500	ママバッグ ¥50000	¥5000	クリーニング ¥10000	¥5000	¥5000		¥78500
3月			¥5000 その他¥5000		¥5000 春休みレジャー¥95000	¥5000		¥115000
合計	¥62000	¥250000	¥110000	¥140000	¥340000	¥60000	¥225000	¥1187000

美容室費は、何気なく日々の支出に組み込んで家計簿につけている人が多いと思いますが、私は特別費にしています。

なぜなら、美容室に行くか行かないかは気分で決めるのではなく、期間によって決めているから。

3ヵ月前に行ったから、そろそろ今月はカットに行こうと、あらかじめ美容室に行く月を決めています。

あき家では、家族全員分の美容室の予定を予算表に書きこんでいます。

以前は、節約のために少しでも美容室費を安くすませなくてはと、おもに1000円カットを利用していた私ですが、あらかじめ予算を立てることで、普通の美容室を抵抗なく利用できるようになりました（子供は今でも1000円カットです笑）。

□特別費②（衣服費編）

毎月の
家計簿は
こうつける！

娯楽費	特別費	支出計
	美容室¥5000	
	コート¥50000	
	祝い金¥5000	
	父の日¥10000	
	旅行¥100000	
	積立¥5000	

ムダに買いがちな衣服ほど、特別費にすると計画的な買い物になります。

特別費年間予算表

月	美容室	衣服費	冠婚時費	イベント費	レジャー費	家電・インテリア費	その他	合計
4月	パパ・ママ ¥12000		積立¥5000	家庭訪問¥10000 たんじょう日¥10000	積立¥5000	積立 ¥5000		¥47000
5月	子供 ¥3500		¥5000	クリーニング¥10000 母の日¥10000	¥5000 GWレジャー¥[illegible]	¥5000	車税 ¥40000	¥118500
6月			¥5000	たんじょう日¥10000 父の日¥10000	¥5000	¥5000	固定資産税 ¥120000	¥155000
7月	パパ・ママ ¥12000	夏物まとめ買い ¥50000	¥5000		¥5000 夏休みレジャー¥60000	¥5000		¥137000
8月	子供 ¥3500		¥5000	実家帰省 ¥20000	¥5000 夏休みレジャー¥30000	¥5000	車保険 ¥40000	¥108500
9月			¥5000		¥5000	¥5000		¥15000
10月	パパ・ママ ¥12000		¥5000		¥5000	¥5000		¥27000
11月	子供 ¥3500	冬物まとめ買い ¥50000	¥5000	年賀状 ¥10000	¥5000	¥5000		¥78500
12月		パパスーツ ¥100000	¥5000	クリスマス ¥20000	¥5000 年末旅行 ¥100000	¥5000	NHK受信料 ¥25000	¥260000
1月	パパ・ママ ¥12000		¥5000	実家帰省 ¥20000	¥5000	¥5000		¥47000
2月	子供 ¥3500	ママバッグ ¥50000	¥5000	クリーニング ¥10000	¥5000	¥5000		¥78500
3月			¥5000 その他 ¥5000		¥5000 春休みレジャー¥50000	¥5000		¥115000
合計	¥62000	¥250000	¥110000	¥140000	¥340000	¥60000	¥225000	¥1187000

ついつい買いすぎてしまいがちな衣服費も、私は特別費にしています。

下着や靴下、子供のちょっとした服や靴などは毎月の娯楽費でまかないますが、仕事用のスーツやコート、季節もののまとめ買いなど値の張る衣類は、特別費で予算を立てる。

いつ頃こんなものを買いたいなとあらかじめ予算にしておくことで、「少しでも安くすませなくては」と毎月ちょこちょこと安物の服を買うという衣服のムダ買いがなくなりました。

以前は、高いからとあきらめていた数万円の衣類やバッグを揃えることも簡単にできるようになりました。

もちろん、衣服は高ければいいというわけではありません。安いものでも自分が気に入ったものであれば、今でも購入しています。

特別費③（臨時費編）

毎月の
家計簿は
こうつける！

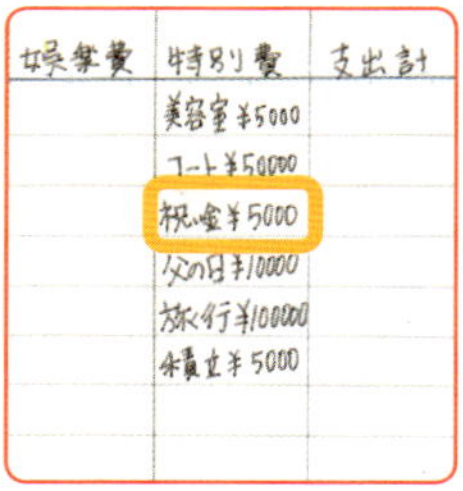

娯楽費	特別費	支出計
	美容室¥5000	
	コート¥50000	
	祝い金¥5000	
	父の日¥10000	
	旅行¥100000	
	積立¥5000	

臨時費に予算を立てておくと、急な出費にも慌てません。

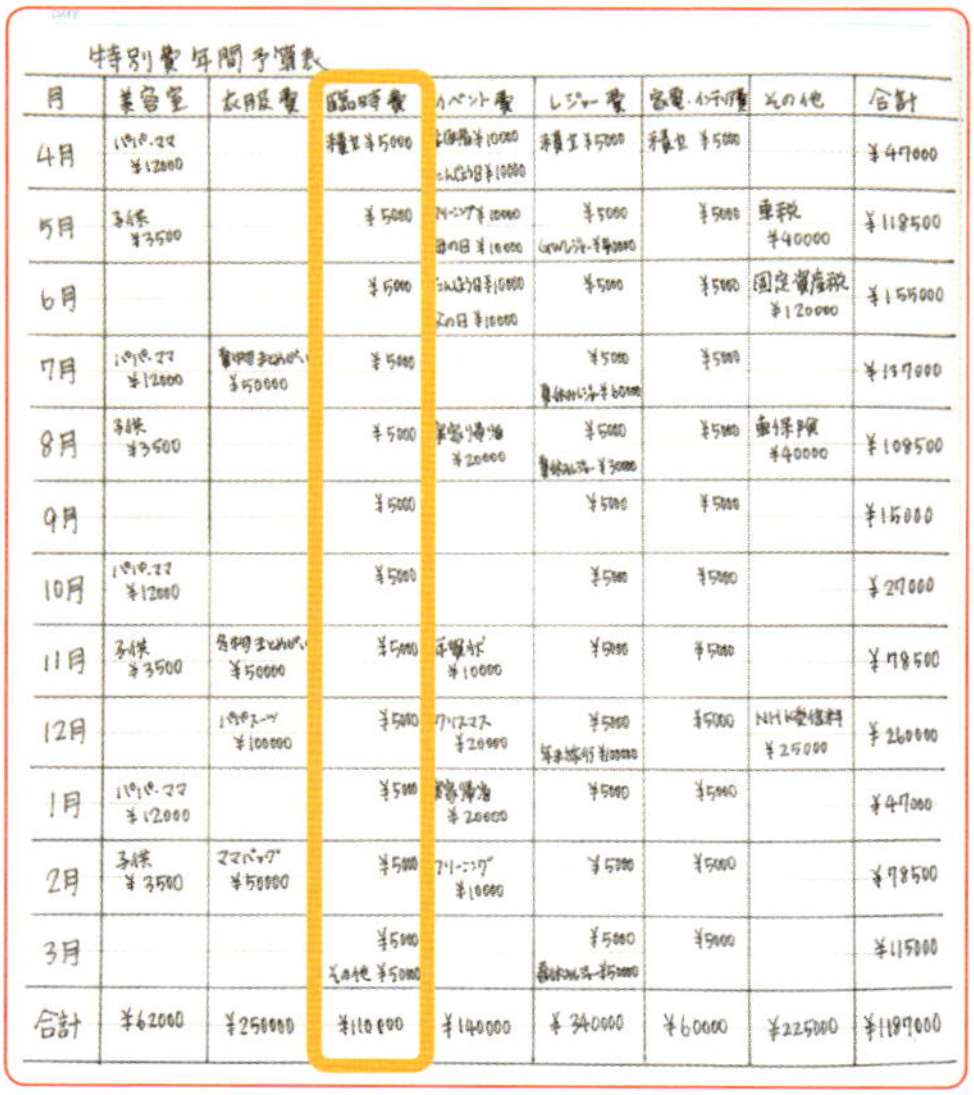

特別費年間予算表

月	美容室	衣服費	臨時費	イベント費	レジャー費	家電・インテリア費	その他	合計
4月	パパ・ママ ¥12000		積立¥5000	結婚祝¥10000 こどもの日¥10000	積立¥5000	積立 ¥5000		¥47000
5月	子供 ¥3500		¥5000	クリーニング¥10000 母の日¥10000	¥5000 GWレジャー¥40000	¥5000	車税 ¥40000	¥118500
6月			¥5000	たんじょう日¥10000 父の日¥10000	¥5000	¥5000	固定資産税 ¥120000	¥155000
7月	パパ・ママ ¥12000	夏物まとめ買い ¥50000	¥5000		¥5000 夏休みレジャー¥60000	¥5000		¥137000
8月	子供 ¥3500		¥5000	実家帰省 ¥20000	¥5000 夏休みレジャー¥30000	¥5000	車保険 ¥40000	¥108500
9月			¥5000		¥5000	¥5000		¥15000
10月	パパ・ママ ¥12000		¥5000		¥5000	¥5000		¥27000
11月	子供 ¥3500	冬物まとめ買い ¥50000	¥5000	年賀状 ¥10000	¥5000	¥5000		¥78500
12月		パパスーツ ¥100000	¥5000	クリスマス ¥20000	¥5000 年末旅行¥100000	¥5000	NHK受信料 ¥25000	¥260000
1月	パパ・ママ ¥12000		¥5000	実家帰省 ¥20000	¥5000	¥5000		¥47000
2月	子供 ¥3500	ママバッグ ¥50000	¥5000	クリーニング ¥10000	¥5000	¥5000		¥78500
3月			¥5000 その他 ¥5000		¥5000 春休みレジャー¥15000	¥5000		¥115000
合計	¥62000	¥250000	¥110000	¥140000	¥340000	¥60000	¥225000	¥1187000

臨時費は、冠婚葬祭や同窓会や家電の修理など、急な支出のための費用です。

とはいえ、臨時費は急な出費になることが多いので、いつまでにいくら必要ということを計画することが難しい支出です。

そのため、あき家では、年間で5万円などと簡単に記入して終わりにしています。

あとは実際に支払いがあった時に、家計簿に明細を記入していけばOKです。

あき家は、この他に急な高額医療費のための備えとして、毎月数千円を封筒に貯めています。

医療費の備えは、使わなければ翌年に繰り越しています。ある程度まとまった金額が確保できるようになったら予算は少なめにするつもりです。

急な出費を、できる限り急な出費にしないための工夫です。

□特別費④（イベント費編）

毎月の家計簿はこうつける！

娯楽費	特別費	支出計
	美容室¥5000	
	コート¥50000	
	祝金¥5000	
	父の日¥10000	
	旅行¥100000	
	積立¥5000	

家族の大切なイベントに予算があると、安心して楽しめます。

特別費年間予算表

月	美容室	衣服費	臨時費	イベント費	レジャー費	家電・インテリア費	その他	合計
4月	パパ・ママ ¥12000		積立¥5000	[illegible]¥10000 たんじょう日¥10000	積立¥5000	積立 ¥5000		¥47000
5月	子供 ¥3500		¥5000	クリーニング¥10000 母の日 ¥10000	¥5000 [illegible]	¥5000	車税 ¥40000	¥118500
6月			¥5000	たんじょう日¥10000 父の日¥10000	¥5000	¥5000	固定資産税 ¥120000	¥155000
7月	パパ・ママ ¥12000	夏物まとめ買い ¥50000	¥5000		¥5000 [illegible]¥60000	¥5000		¥137000
8月	子供 ¥3500		¥5000	[illegible] ¥20000	¥5000 [illegible]¥30000	¥5000	車保険 ¥40000	¥108500
9月			¥5000		¥5000	¥5000		¥15000
10月	パパ・ママ ¥12000		¥5000		¥5000	¥5000		¥27000
11月	子供 ¥3500	冬物まとめ買い ¥50000	¥5000	年賀状 ¥10000	¥5000	¥5000		¥78500
12月		パパスーツ ¥100000	¥5000	クリスマス ¥20000	¥5000 [illegible]	¥5000	NHK受信料 ¥25000	¥260000
1月	パパ・ママ ¥12000		¥5000	実家帰省 ¥20000	¥5000	¥5000		¥47000
2月	子供 ¥3500	ママバッグ ¥50000	¥5000	クリーニング ¥10000	¥5000	¥5000		¥98500
3月			¥5000 その他 ¥5000		¥5000 [illegible]	¥5000		¥115000
合計	¥62000	¥250000	¥110000	¥140000	¥340000	¥60000	¥225000	¥1187000

イベント費は、「誕生日、クリスマス、盆・正月の実家帰省費、父の日や母の日、年賀状、お年玉、結婚記念日」など、イベントや季節に関連する支出を集めたものです。

クリーニングを季節ごとにまとめて出す場合も、イベント費で対応します。

インフルエンザの予防接種なども忘れずに記入しましょう。

この費用は、急な出費のような気がしてしまいますが、実は各家庭により、毎年同じような支出になる傾向があるので、比較的計画が立てやすい支出です。

クリスマスや誕生日といった家族の大切なイベントも予算がなくては、家族も盛り上がりません。イベント費をあらかじめ予算にしておくと、お金の心配をせずに家族のイベントが楽しめます。

□特別費⑤（レジャー費・旅行費編）

特別費年間予算表

月	美容室	衣服費	臨時費	イベント費	レジャー費	家電・小物費	その他	合計
4月	パパ・ママ ¥12000		積立¥5000	[illegible]¥10000 たんじょう日¥10000	積立¥5000	積立 ¥5000		¥47000
5月	子供 ¥3500		¥5000	クリーニング¥10000 母の日¥10000	¥5000 GWレジャー¥[illegible]	¥5000	車税 ¥40000	¥118500
6月			¥5000	たんじょう日¥10000 父の日¥10000	¥5000	¥5000	固定資産税 ¥120000	¥155000
7月	パパ・ママ ¥12000	夏物まとめ買い ¥50000	¥5000		¥5000 夏休みレジャー¥60000	¥5000		¥137000
8月	子供 ¥3500		¥5000	実家帰省 ¥20000	¥5000 夏休みレジャー¥30000	¥5000	車保険 ¥40000	¥108500
9月			¥5000		¥5000	¥5000		¥15000
10月	パパ・ママ ¥12000		¥5000		¥5000	¥5000		¥27000
11月	子供 ¥3500	冬物まとめ買い ¥50000	¥5000	年賀状 ¥10000	¥5000	¥5000		¥78500
12月		パパスーツ ¥100000	¥5000	クリスマス ¥20000	¥5000 年末旅行¥100000	¥5000	NHK受信料 ¥25000	¥260000
1月	パパ・ママ ¥12000		¥5000	実家帰省 ¥20000	¥5000	¥5000		¥47000
2月	子供 ¥3500	ママバッグ ¥50000	¥5000	クリーニング ¥10000	¥5000	¥5000		¥78500
3月			¥5000 その他¥5000		¥5000 春休みレジャー¥[illegible]	¥5000		¥115000
合計	¥62000	¥250000	¥110000	¥140000	¥340000	¥60000	¥225000	¥1187000

毎月の家計簿はこうつける！

娯楽費	特別費	支出計
	美容室¥5000	
	コート¥50000	
	祝い金¥5000	
	父の日¥10000	
	旅行¥100000	
	積立¥5000	

メリハリで、今までよりワンランク上のレジャーや旅行が楽しめます。

レジャーや旅行費も、急な出費のような気がしてしまいますが、実は計画の立てやすい出費です。

あき家は、ゴールデンウィーク、夏休み、冬休み、春休みと、子供と主人の長期休みに合わせて、毎年決まった時期に旅行に出かけています。

動物園、ゲームセンターなど比較的少額なレジャーは、娯楽費で対応しますが、遊園地などちょっと値が張るレジャーは特別費で予算立てします。

いつ頃いくらの予算でどこに行きたいかを書き出していきます。特に予定が決まっていなければ金額だけ決めて書いておくだけでOK。

あき家は、数年後に行く「海外旅行」の資金も毎月数千円ずつ封筒に積み立てています。

以前はお土産代までケチっていた私ですが、気がねなく旅行が楽しめるようになりました。

□特別費⑥（家電・インテリア費編）

毎月の家計簿はこうつける！

娯楽費	特別費	支出計
	美容室¥5000	
	コート¥50000	
	税金¥5000	
	父の日¥10000	
	旅行¥100000	
	積立¥5000	

家電やインテリア用品は、壊れる前からお金を準備しておきましょう。

特別費年間予算表

月	美容室	衣服費	臨時費	イベント費	レジャー費	家電・インテリア費	その他	合計
4月	パパ・ママ ¥12000		積立¥5000	[illegible]¥10000 たんじょう日¥10000	積立¥5000	積立 ¥5000		¥47000
5月	子供 ¥3500		¥5000	クリーニング¥10000 母の日¥10000	¥5000 GWレジャー¥[illegible]	¥5000	車税 ¥40000	¥118500
6月			¥5000	たんじょう日¥10000 父の日¥10000	¥5000	¥5000	固定資産税 ¥120000	¥155000
7月	パパ・ママ ¥12000	夏物まとめ買い ¥50000	¥5000		¥5000 夏休みレジャー¥60000	¥5000		¥137000
8月	子供 ¥3500		¥5000	実家帰省 ¥20000	¥5000 夏休みレジャー¥30000	¥5000	車保険 ¥40000	¥108500
9月			¥5000		¥5000	¥5000		¥15000
10月	パパ・ママ ¥12000		¥5000		¥5000	¥5000		¥27000
11月	子供 ¥3500	冬物まとめ買い ¥50000	¥5000	年賀状 ¥10000	¥5000	¥5000		¥78500
12月		パパスーツ ¥100000	¥5000	クリスマス ¥20000	¥5000 年末旅行¥100000	¥5000	NHK受信料 ¥25000	¥260000
1月	パパ・ママ ¥12000		¥5000	実家帰省 ¥20000	¥5000	¥5000		¥47000
2月	子供 ¥3500	ママバッグ ¥50000	¥5000	クリーニング ¥10000	¥5000	¥5000		¥78500
3月			¥5000 その他¥50000		¥5000 春休みレジャー¥50000	¥5000		¥115000
合計	¥62000	¥250000	¥110000	¥140000	¥340000	¥60000	¥225000	¥1187000

そろそろあの家電や家具も寿命が近づいている。新しいものに買い換えたいけど家電や家具は値の張る支出。もうちょっと我慢しようと思い続けて、気がついたら数年が経過。

結局ついに壊れて突然の臨時支出に！　なんてことはありませんか？

あき家もなかなか家電や家具に手が出せなかったのですが、事前に予算を立てるようになったことで、計画的に購入できるようになりました。

あき家では何を買うかは決めずに、毎月数千円を封筒に積み立て、貯まったら現金一括払いで買うようにしています。

こうすることで、ふらっと立ち寄った店で高額商品を衝動買いしてしまったり、ついついカードで分割払いにしてしまい、支払いに追われるということもなくなります。

□特別費7（その他大型支出編）

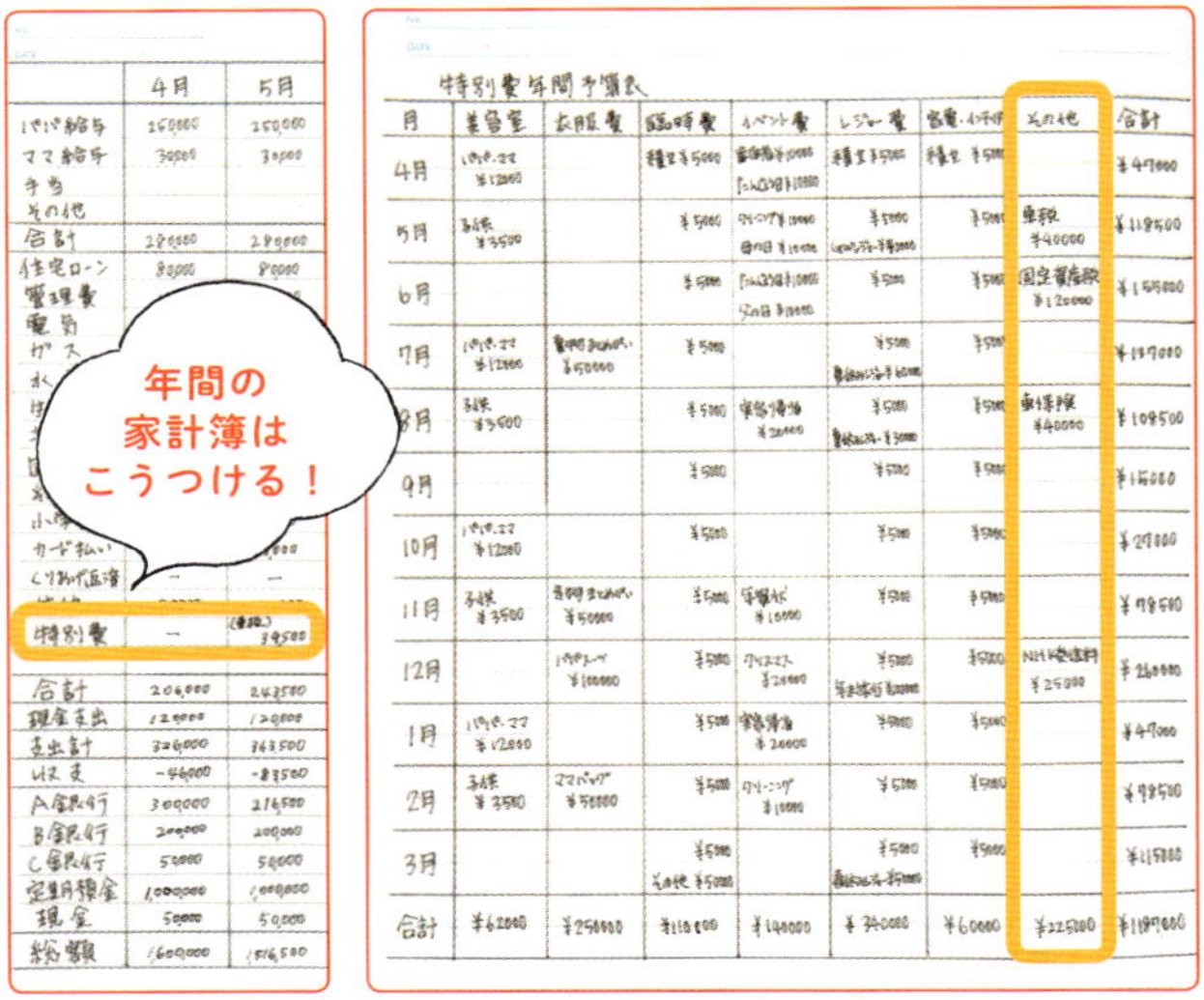

その他の大型支出のような大きな出費も、計画的に準備して。

忘れてはいけないのが、その他の大型支出。「固定資産税、自動車税、車の保険、受信料、通信教育料」などおもに自動引き落としになっているものの予算を書き出していきます。

「車検、七五三、入園料、出産費用」など、その年しかかからない大型の支出も忘れずに予算にしておきます。

これらの支出は、大きなお金になることが多いのですが、あらかじめ予算を立てておくことで、大きなお金を出すのもスムーズになります。

「来月大きなお金が必要なんだけど、準備できてない！　どうしよう！」という不安や焦りもなくなります。

目先のお金を安くしようとする気持ちもなくなるので、固定資産税や保険料など毎年決まった支出さえ分割払いにするようなこともなくなります。

□特別費を合計してみる!

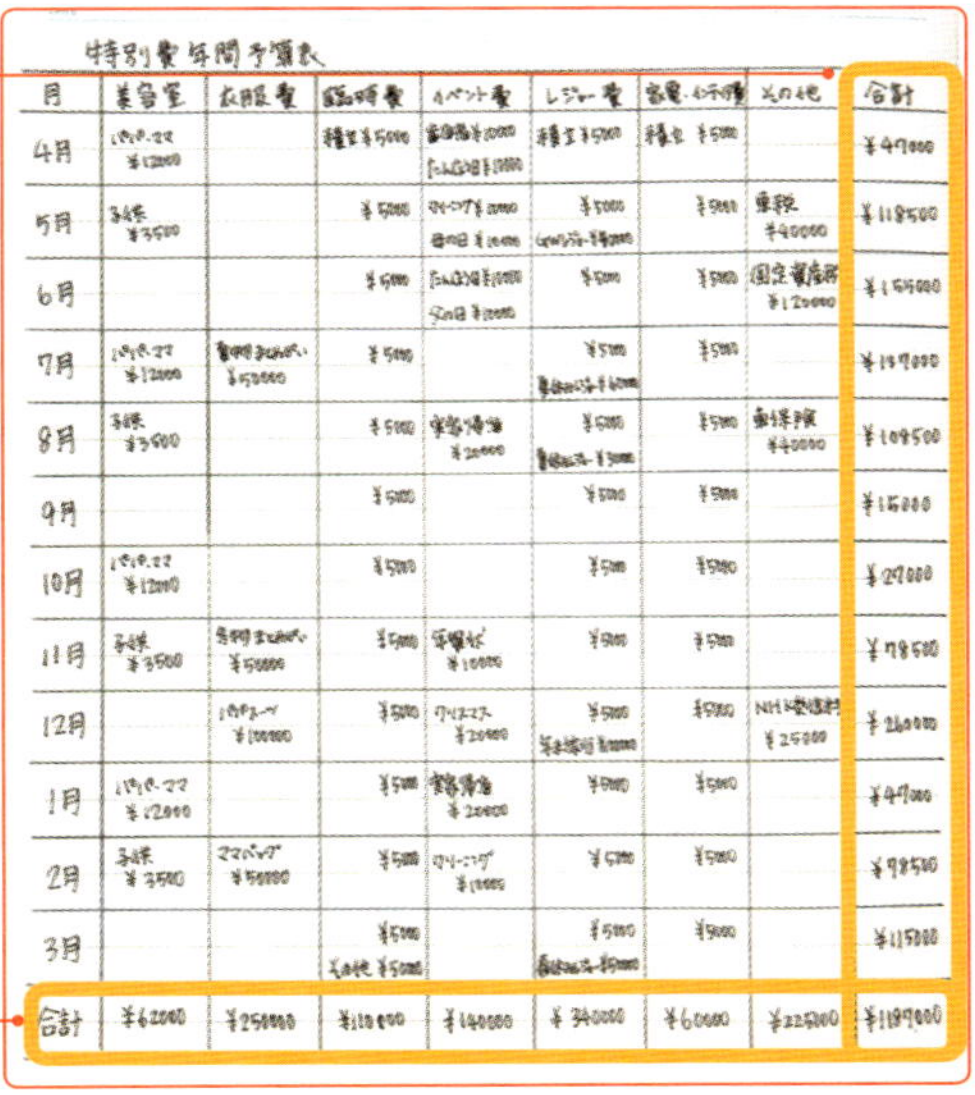

特別費年間予算表

月	美容室	衣服費	臨時費	イベント費	レジャー費	家電・小物費	その他	合計
4月	パパ・ママ ¥12000		積立¥5000	[illegible]¥10000 [illegible]¥10000	積立¥5000	積立 ¥5000		¥47000
5月	子供 ¥3500		¥5000	[illegible]¥10000 [illegible]¥10000	¥5000 [illegible]	¥5000	車検 ¥40000	¥118500
6月			¥5000	[illegible]¥10000 [illegible]¥10000	¥5000	¥5000	固定資産税 ¥120000	¥165000
7月	パパ・ママ ¥12000	[illegible] ¥150000	¥5000		¥5000 [illegible]	¥5000		¥197000
8月	子供 ¥3500		¥5000	[illegible] ¥20000	¥5000 [illegible]	¥5000	[illegible] ¥40000	¥104500
9月			¥5000		¥5000	¥5000		¥15000
10月	パパ・ママ ¥12000		¥5000		¥5000	¥5000		¥27000
11月	子供 ¥3500	[illegible] ¥50000	¥5000	年賀状 ¥10000	¥5000	¥5000		¥78500
12月		パパスーツ ¥100000	¥5000	クリスマス ¥20000	¥5000 [illegible]	¥5000	NHK受信料 ¥25000	¥260000
1月	パパ・ママ ¥12000		¥5000	[illegible] ¥20000	¥5000	¥5000		¥47000
2月	子供 ¥3500	ママバッグ ¥50000	¥5000	クリーニング ¥10000	¥5000	¥5000		¥78500
3月			¥5000 その他 ¥5000		¥5000 [illegible]	¥5000		¥115000
合計	¥62000	¥250000	¥110000	¥140000	¥340000	¥60000	¥225000	¥1189000

特別費は合計してみると、予想以上の高額に驚きます。

予算ができたら、それぞれの費目ごとの合計と総合計を計算してみてください。合計してみると、年間にしてかなりの金額になっていることに気がつきます。

この特別費にさける予算がたくさんあればあるほど「生活の質が上がる」と私は考えています。

できる範囲で、その他のムダな支出を削って、特別費の予算を増やす方法がないか考えてみましょう。

衣服にお金をかけるより旅行にお金をかけたいなど、家族の希望にあわせて金額を調整するといいですね。お楽しみが多い家計になると、「家計の満足度」も上がります。

管理する費目は、「ゴルフ費、野球観戦費、セミナー受講費、懇親会費」など各家庭でアレンジしてみてくださいね。

特別費の予算を成功させるコツ

あきの家計簿では、特別費の予算を細かく立てているので、特別費の予算を立てるのが面倒に感じるかもしれません。

でも…、家計は「予期せぬ不測の支出」によって大きく左右されてしまうものです。

「今月は、急に家電が壊れて買い替えないといけなくなってしまって…」

「今月は、急な同窓会で、実家に帰省することになったので新幹線代がかさんでしまって…」

これらの支出は、多くの人が「急な出費」と考えるかもしれませんが、あきの家計簿では「急な出費」とは考えないようにしています。

特別費の予算表を作ることで、ほとんどの出費は、「急な出費」から「あらかじめ準備していた出費」にすることができます。

急な出費の度にせっかくの貯金を切り崩す…なんて、もったいないですよね。

もちろん多少の予定変更はつきものなので、一度完成させた後に書き換えてもOK。

もし、どこかの予算が増えてしまったらどこかの予算を削って、全体としての予算を守るようにしてください。

ワクワクするお楽しみを、たくさん増やしていきましょう。

Part 03 進め方

特別費の予算を成功させるコツ

例えば

[GW旅行]

予算	50,000円
実際	70,000円
	-20,000円

20,000円予算オーバー！

↓

[年末旅行]

予算	100,000円
実際	80,000円
	+20,000円

20,000円予算を削る

↓

年間の予算は守れる

Point

- どこかの予算をオーバーしたら、どこかの予算を削る
- 年間の予算計画を崩さないようにする

家計は1年後に見直す！

合計欄を集計して、データを活用しよう！

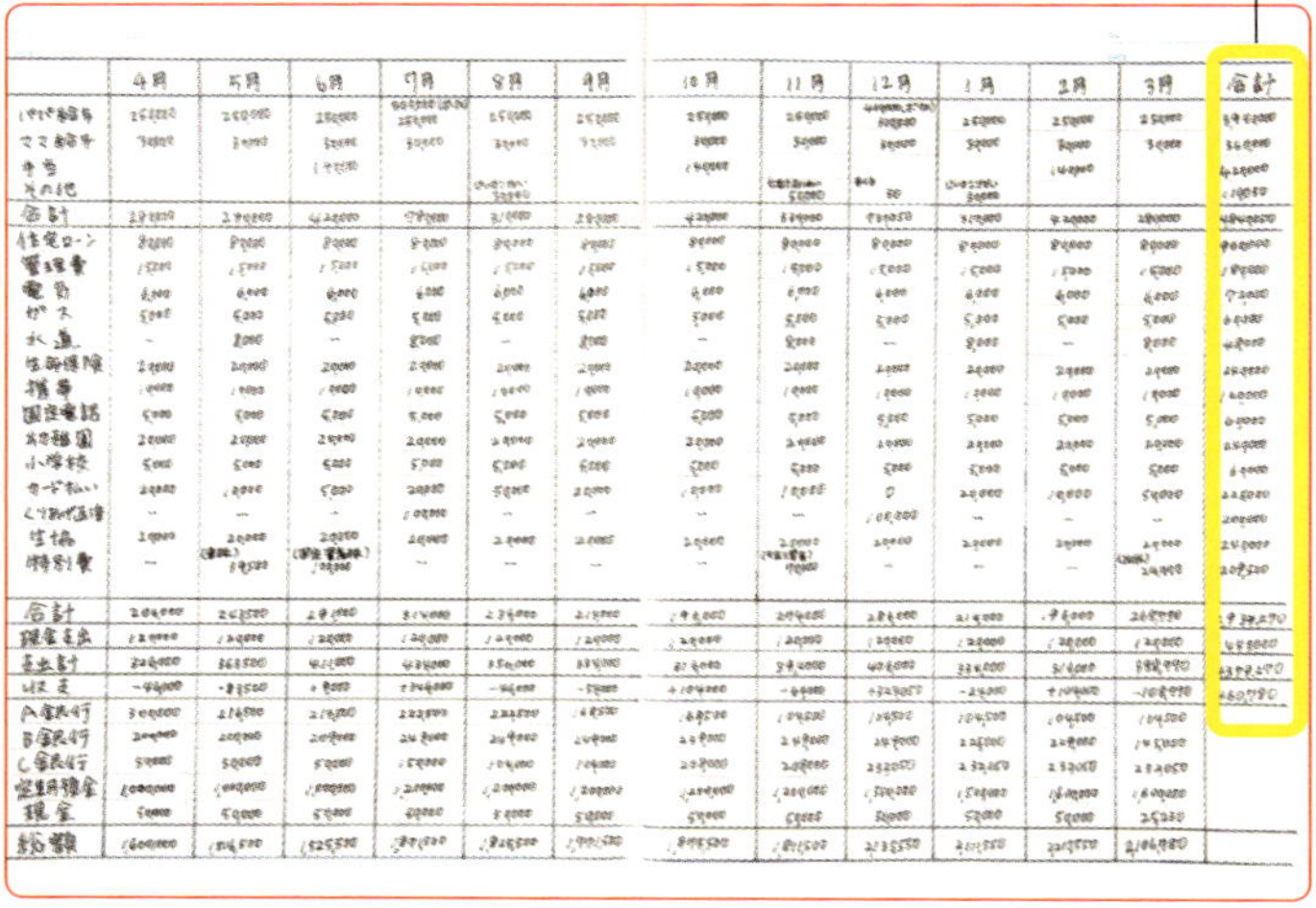

年間の家計簿の合計欄の計算をします。

あきの家計簿を1年間つけ終わったら、年間の家計簿の合計欄の集計をしましょう。

合計欄は、家計簿が4月始まりならば、4月～3月など、1年分の毎月の集計結果を足しあげて計算します。

今まで毎月いくらかかっているという視点で見ていた支出を、1年にするといくらかかっているかという視点で眺めてみましょう。

家賃が、1年で考えると思ったよりも高いというように、月単位で考えるとそれほど気にならなかった支出も、年単位で考えると思ったよりも高額だったというような気づきがあると思います。

エアコンを使い始める6月頃から電気代が高くなっている、7月はボーナスが出るから黒字の金額が思ったより多いなど、年間を通じてどのような支出の傾向があるのかということも自然に目に

合計欄アップ

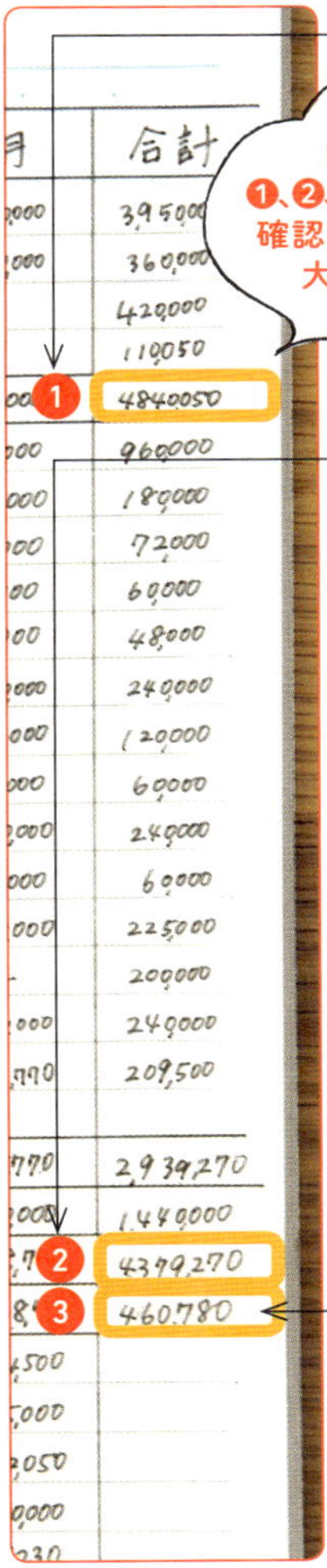

合計欄
❶、❷、❸の数字を確認することが大切です。

合計を計算してみると、１年間の成果がはっきりと見えてきます。

Check❶
収入合計
1年でいくら収入があったか？

Check❷
支出合計
収入に対していくら支出があったか？

Check❸
収支合計
1年でいくら貯金ができたか？

この３つについて振り返りましょう

赤字月があっても、年間を通じて黒字ならOKです。

入ってくるので、時間がある時にやってみてくださいね。

年間の合計欄の中でも特に注目してみてほしいのは、1年でいくら収入があったのか？　支出はいくらだったのか？　貯金はいくらできたのか？の3つについてです。

この3つの金額が頭に入っていると、家計の状況がかなりクリアに見えるようになります。

「お金がなくて生活が苦しいと思っていたけど、思ったより収入は多かった。支出がこんなにも多かったんだ」などと気づくことが重要です。

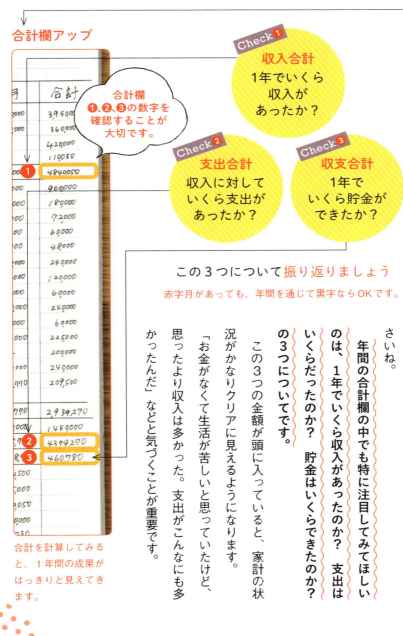

データの活用で、家計を分析

1年分の年間の家計簿は、次年のためのデータに活用しましょう。

1 年分の年間の家計簿の合計欄の計算が終わったら、「今年は収入に対して、何%の貯金ができたのか」を知るために、貯金率を計算してみましょう。

貯金率は、前ページで計算した「収支③」÷「収入①」×100で求めます。

私は、年間でだいたい収入の10%～20%の貯金ができていればOKと考えています。

年間収入が500万円の場合は、年間50万円～100万円程度の貯金ができていればOKと考えます。

達成できていない場合は、前ページで計算した各合計欄の中から、使いすぎている支出はないか？　無理のない範囲で振り返ってみましょう。

・貯金率を計算してみよう！・

収入に対して何%の貯金が出来ているかを計算してみよう！

収支（3）÷収入（1）×100＝○○%

前頁の1、3の数字を使います。

46万780円÷484万50円×100＝9.5%

3収支（貯金額）　1収入

大体収入の10%～20%くらいの貯金ができていればOK

貯金率を計算すると、目標が明確になります。

次の年の予算を立ててみよう

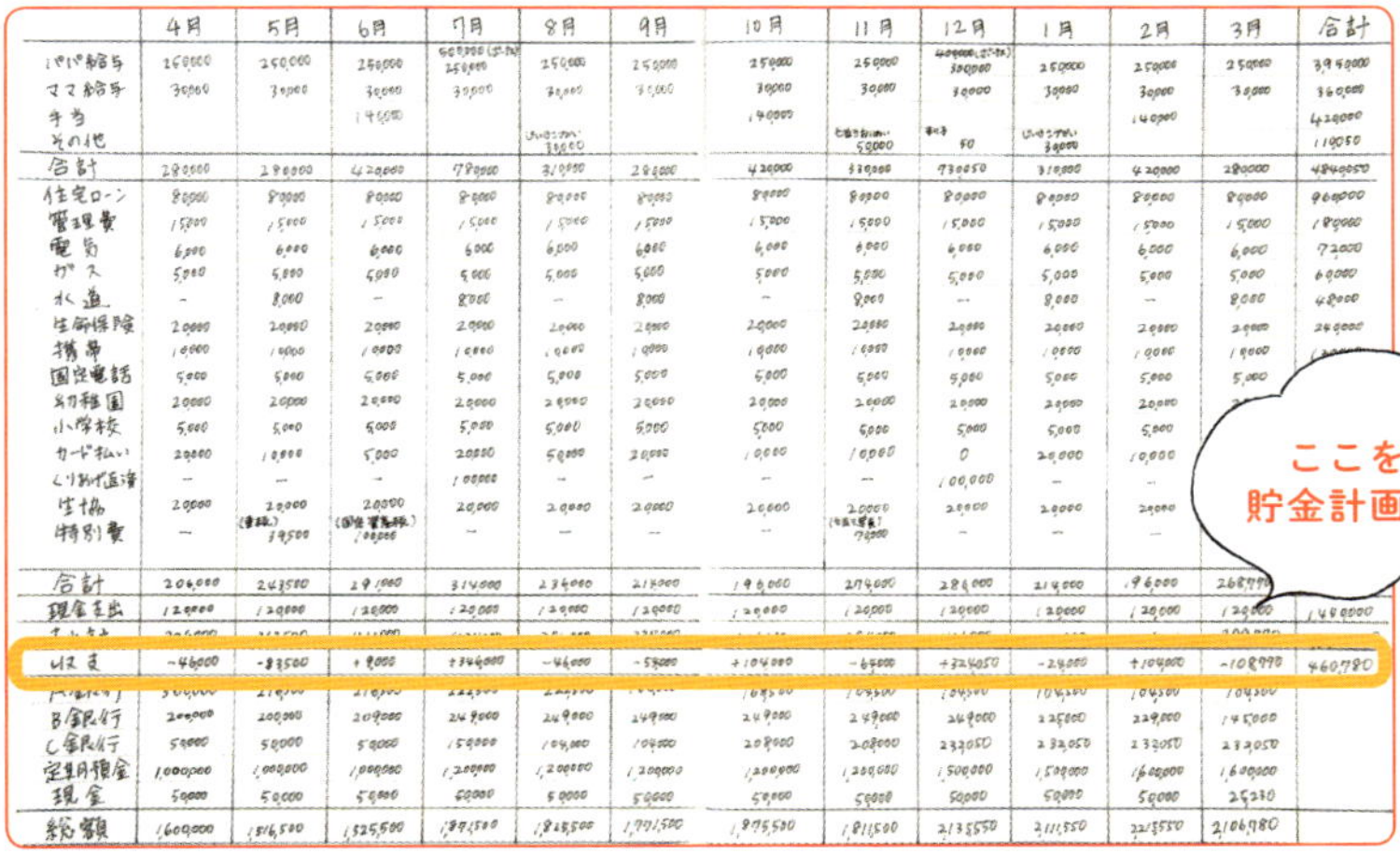

	4月	5月	6月	7月	8月	9月	10月	11月	12月	1月	2月	3月	合計
パパ給与	260000	250000	250000	500000 250000	250000	250000	250000	250000	400000 300000	250000	250000	250000	3950000
ママ給与	30000	30000	30000	30000	30000	30000	30000	30000	30000	30000	30000	30000	360000
手当			140000				140000				140000		420000
その他					30000			50000	50	30000			110050
合計	280000	280000	420000	780000	310000	280000	420000	330000	730050	310000	420000	280000	4840050
住宅ローン	80000	80000	80000	80000	80000	80000	80000	80000	80000	80000	80000	80000	960000
管理費	15000	15000	15000	15000	15000	15000	15000	15000	15000	15000	15000	15000	180000
電気	6000	6000	6000	6000	6000	6000	6000	6000	6000	6000	6000	6000	72000
ガス	5000	5000	5000	5000	5000	5000	5000	5000	5000	5000	5000	5000	60000
水道	-	8000	-	8000	-	8000	-	8000	-	8000	-	8000	48000
生命保険	20000	20000	20000	20000	20000	20000	20000	20000	20000	20000	20000	20000	240000
携帯	10000	10000	10000	10000	10000	10000	10000	10000	10000	10000	10000	10000	[illegible]
固定電話	5000	5000	5000	5000	5000	5000	5000	5000	5000	5000	5000	5000	[illegible]
幼稚園	20000	20000	20000	20000	20000	20000	20000	20000	20000	20000	20000	[illegible]	[illegible]
小学校	5000	5000	5000	5000	5000	5000	5000	5000	5000	5000	5000	[illegible]	[illegible]
カード払い	20000	10000	5000	20000	50000	20000	10000	10000	0	20000	10000	[illegible]	[illegible]
くりあげ返済	-	-	-	100000	-	-	-	-	100000	-	-	[illegible]	[illegible]
生協	20000	20000	20000	20000	20000	20000	20000	20000	20000	20000	20000	[illegible]	[illegible]
特別費	-	19500	100000	-	-	-	-	78000	-	-	-	[illegible]	[illegible]
合計	206000	243500	291000	314000	234000	214000	196000	274000	286000	214000	196000	268990	[illegible]
現金支出	120000	120000	120000	120000	120000	120000	120000	120000	120000	120000	120000	120000	1440000
[illegible]	[illegible]	[illegible]	[illegible]	[illegible]	[illegible]	[illegible]	[illegible]	[illegible]	[illegible]	[illegible]	[illegible]	[illegible]	
収支	-46000	-83500	+9000	+346000	-46000	-58000	+104000	-65000	+324050	-24000	+104000	-108990	460780
[illegible]	300000	216500	216500	222500	222500	[illegible]	168500	104500	104500	104500	104500	104500	
B銀行	200000	200000	209000	249000	249000	249000	249000	249000	249000	225000	229000	145000	
C銀行	50000	50000	50000	150000	104000	104000	208000	208000	232050	232050	232050	232050	
定期預金	1000000	1000000	1000000	1200000	1200000	1200000	1200000	1200000	1500000	1500000	1600000	1600000	
現金	50000	50000	50000	50000	50000	50000	50000	50000	50000	50000	50000	25230	
総額	1600000	1516500	1525500	1871500	1825500	1771500	1875500	1811500	2135550	2111550	2215550	2106980	

年間の家計簿の収支は、次の年の貯金計画として利用します。

1 年間の家計が分かる「年間の家計簿」は、来年の予算としても使いましょう。

見返してみると、「何月はいくらくらいの収入があって、だいたいこれくらいの支出があるな」など家計の傾向がつかめてきます。それをもとに次の年の予算を考えてみてくださいね。

収支をみると、何月は赤字だけど何月は黒字だったということも分かるので、**だいたい何月にこれくらいは貯金ができそうだという「貯金計画」も立てられます。**

難しく考えなくても、大丈夫。

収入などが大きく変わる予定がなければ、基本的には、今年の「年間の家計簿」をそのまま次の年の予算として考えればOK。

毎月黒字の予算が立てられれば理想的ですが、年間で黒字ならOKと考えましょう。

Column

途中で挫折してしまったら…

月の途中で、毎月の家計簿の記入に挫折してしまった、締め日の年間の家計簿の集計作業が面倒くさくて、なかなかできずに挫折してしまったなど、家計簿に挫折してしまうこともあるかもしれません。

普通の家計簿は、一度挫折してしまうと、なかなか復活できないものです。

やっぱり家計簿をやろうかなと思っても、また新しい家計簿を買ってゼロからスタートでは、いつまでたっても始められませんよね。

でも、そんな時でも、あきの家計簿には復活機能がついているので安心してください。

復活したいと思ったら、空白になってしまった今までの年間の家計簿の「通帳残高」だけを記入してみてください。

「通帳残高」は、該当月の通帳の残高を見れば書くことができます。収入や支出がいくらというところは、空白のままで大丈夫。

「通帳残高」さえ記入できれば、その月が赤字だったか？　黒字だったか？　貯金がいくらできたか？　という最低限の情報は分かるので、翌月からまた家計簿に復活できるのです。

挫折したり、復活したりを繰り返しながら続けることができるのも、あきの家計簿の特徴です。

途中で挫折してしまったら…

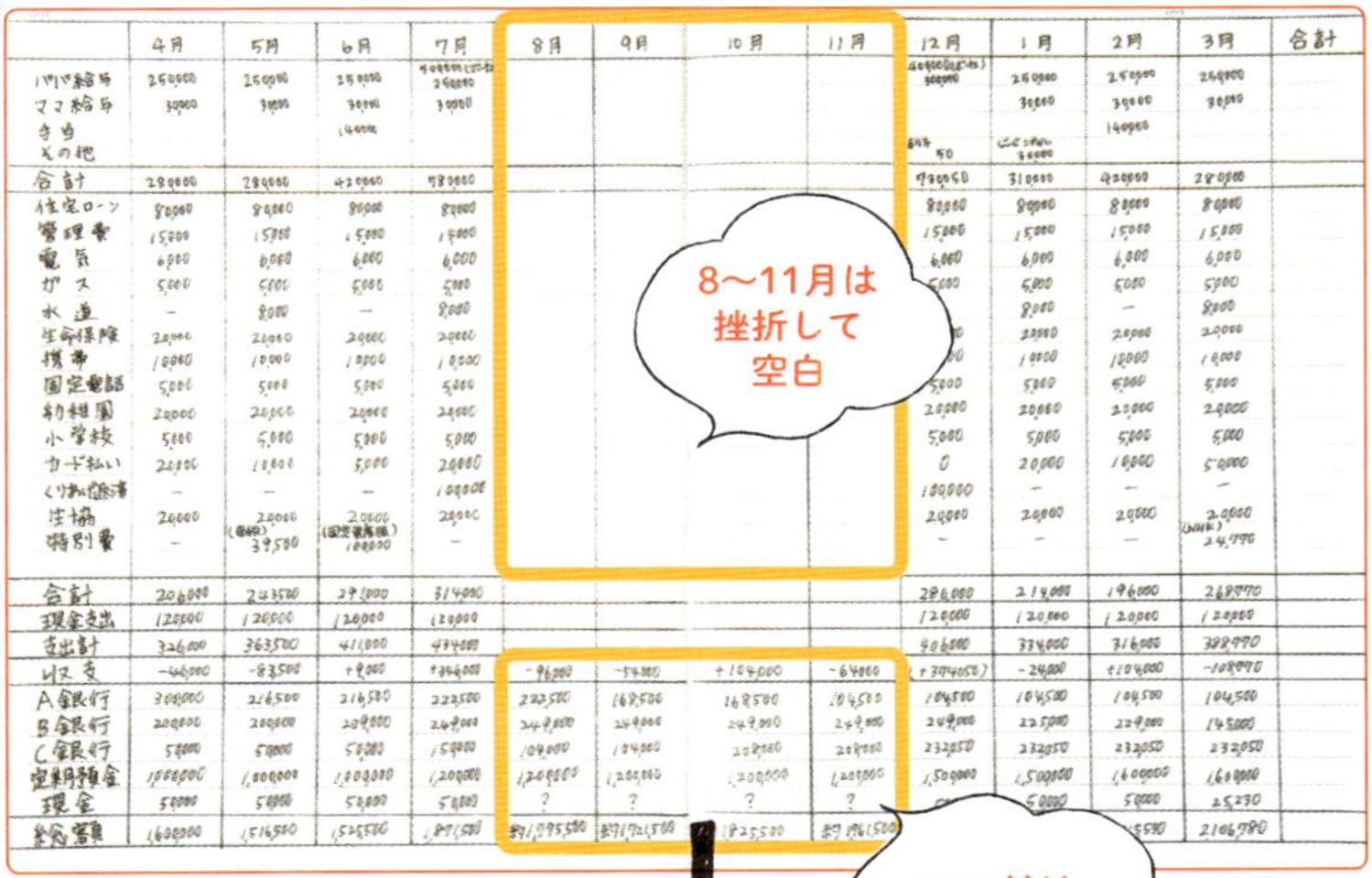

	4月	5月	6月	7月	8月	9月	10月	11月	12月	1月	2月	3月	合計
パパ給与	250000	250000	250000	[illegible] 250000					[illegible] 300000	250000	250000	250000	
ママ給与	30000	30000	30000	30000						30000	30000	30000	
手当			140000								140000		
その他									[illegible] 50	[illegible] 30000			
合計	280000	280000	420000	580000					730050	310000	420000	280000	
住宅ローン	80000	80000	80000	80000					80000	80000	80000	80000	
管理費	15000	15000	15000	15000					15000	15000	15000	15000	
電気	6000	6000	6000	6000					6000	6000	6000	6000	
ガス	5000	5000	5000	5000					5000	5000	5000	5000	
水道	–	8000	–	8000						8000	–	8000	
生命保険	20000	20000	20000	20000						20000	20000	20000	
携帯	10000	10000	10000	10000						10000	10000	10000	
固定電話	5000	5000	5000	5000					5000	5000	5000	5000	
幼稚園	20000	20000	20000	20000					20000	20000	20000	20000	
小学校	5000	5000	5000	5000					5000	5000	5000	5000	
カード払い	20000	10000	5000	20000					0	20000	10000	50000	
くりあげ返済	–	–	–	100000					100000	–	–	–	
生協	20000	20000	20000	20000					20000	20000	20000	20000	
特別費	–	(車検) 39500	(固定資産税) 100000	–					–	–	–	(NHK) 24,770	
合計	206000	243500	291000	314000					286000	214000	196000	268770	
現金支出	120000	120000	120000	120000					120000	120000	120000	120000	
支出計	326000	363500	411000	434000					406000	334000	316000	388770	
収支	-46000	-83500	+9000	+146000	-96000	-54000	+104000	-64000	(+324050)	-24000	+104000	-108770	
A銀行	300000	216500	216500	222500	222500	168500	168500	104500	104500	104500	104500	104500	
B銀行	200000	200000	209000	249000	249000	249000	249000	249000	249000	225000	229000	145000	
C銀行	50000	50000	50000	150000	104000	104000	208000	208000	232050	232050	232050	232050	
定期預金	1000000	1000000	1000000	1200000	1200000	1200000	1200000	1200000	1500000	1500000	1600000	1600000	
現金	50000	50000	50000	50000	?	?	?	?	[illegible]	50000	50000	25230	
総資産	1600000	1516500	1525500	1871500	約1,775,500	約1,721,500	1825500	約1761500	[illegible]	[illegible]	[illegible]	2106780	

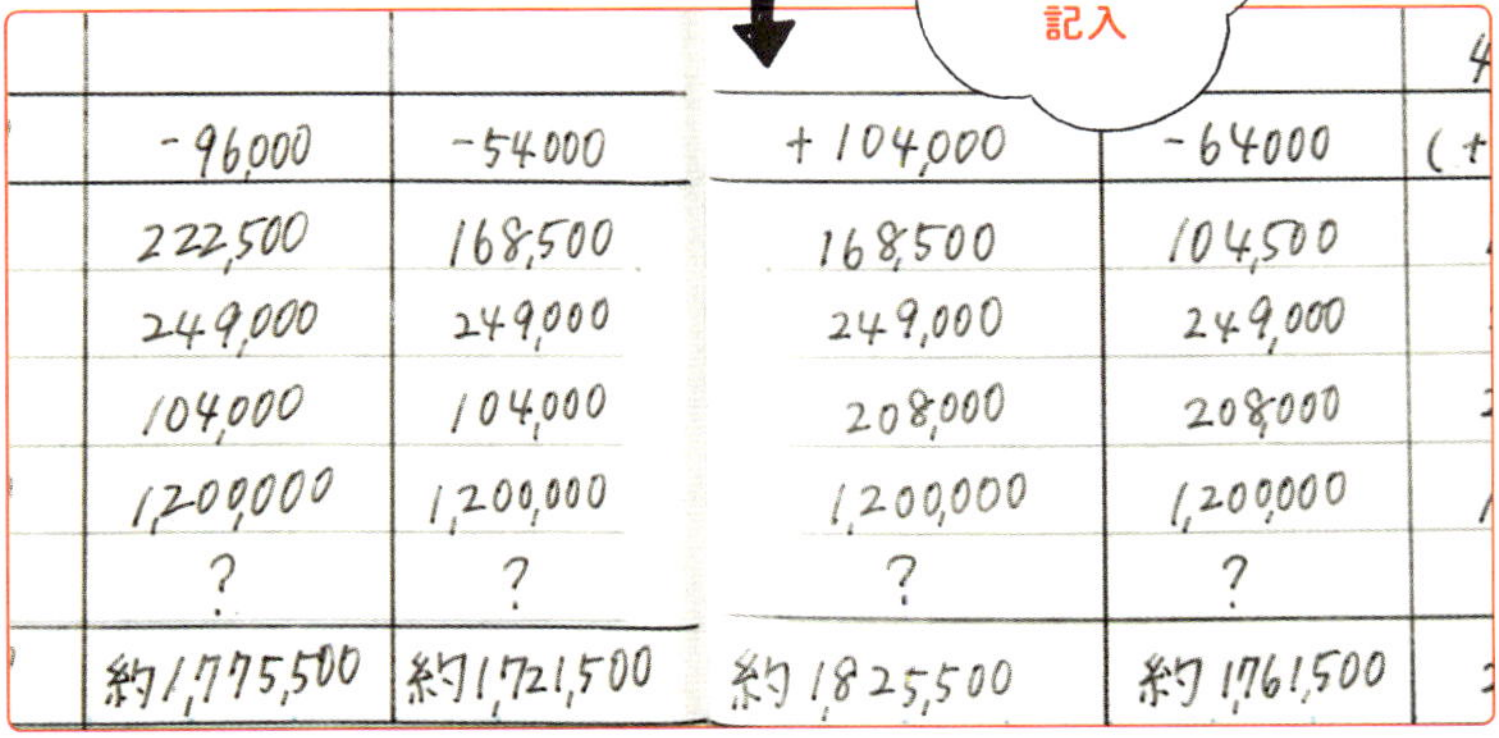

-96,000	-54000	+104,000	-64000
222,500	168,500	168,500	104,500
249,000	249,000	249,000	249,000
104,000	104,000	208,000	208,000
1,200,000	1,200,000	1,200,000	1,200,000
?	?	?	?
約1,775,500	約1,721,500	約1,825,500	約1,761,500

通帳残高は、該当月の通帳残高の金額を記入します。

Point

- 空白の月の通帳残高だけを埋める
- その他は、空白のままでOK
- 翌月から復活して再開できる

Column

もっと「ざっくり家計簿」にしたい！

あきの家計簿の「毎月の家計簿」には、今お財布にいくら残っているかという「残高」を記入していく欄があります。

でも、何にいくらの支出があったかが分かれば充分、残高を計算していくのは面倒くさい！　という気持ちも分かります。

私が残高を記入していくのは、単純に記入漏れを防ぐためですが、そこまでやりたくないという方は「毎月の家計簿」の「残高欄」と、年間の家計簿の「現金欄」を削除してください。こうすることで、**お財布の残高までは計算しなくてもいい家計簿になります。**

お財布の残高を計算しないなら、1円単位まで正確に支出を記入する必要もありません。

２９８０円の買い物なら、３０００円と記入してもＯＫ。

端数をちょっと繰り上げて記入するといいですね。

ただし、こうすることで、毎月の家計簿の支出合計と、年間の家計簿の収支が正確に計算できなくなります。年間の家計簿の収支は、「今月の通帳残高」から「前月の通帳残高」を引いて計算したものを優先し、金額が合わなくても気にしないで進めましょう。

もっと「ざっくり家計簿」にしたい時は…

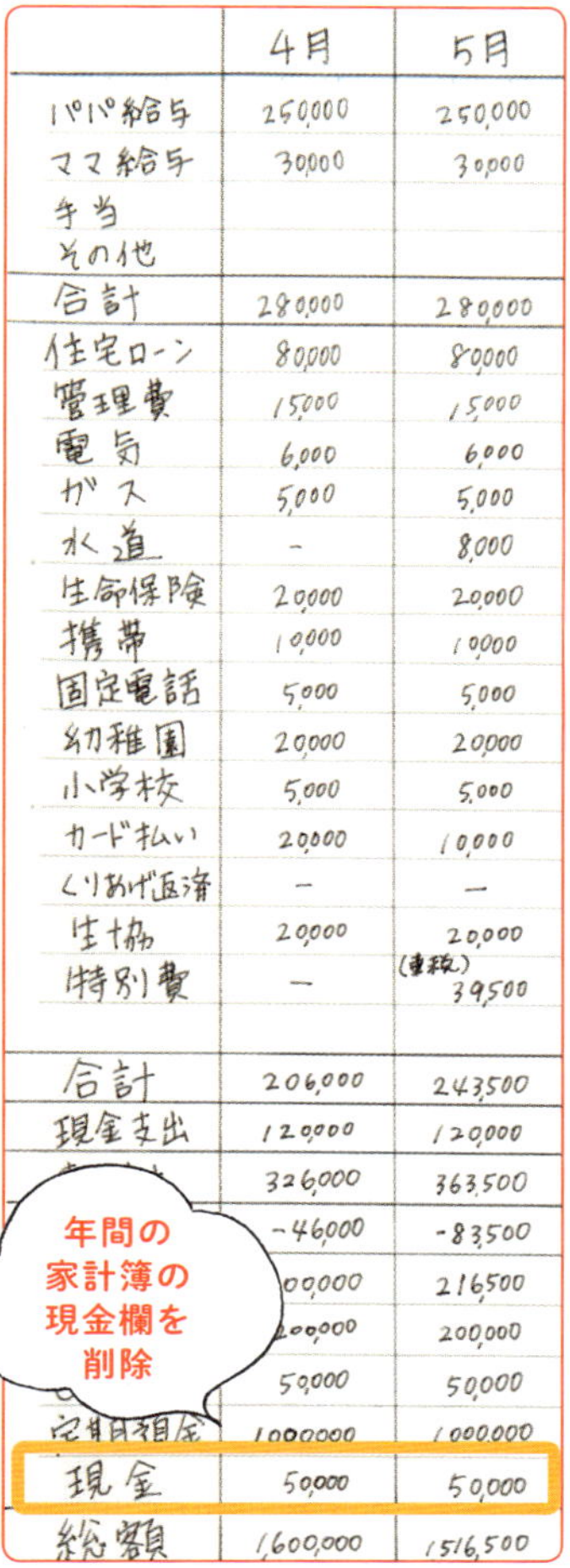

	4月	5月
パパ給与	250,000	250,000
ママ給与	30,000	30,000
手当		
その他		
合計	280,000	280,000
住宅ローン	80,000	80,000
管理費	15,000	15,000
電気	6,000	6,000
ガス	5,000	5,000
水道	–	8,000
生命保険	20,000	20,000
携帯	10,000	10,000
固定電話	5,000	5,000
幼稚園	20,000	20,000
小学校	5,000	5,000
カード払い	20,000	10,000
くりあげ返済	–	–
生協	20,000	20,000
特別費	–	(車検) 39,500
合計	206,000	243,500
現金支出	120,000	120,000
	326,000	363,500
	-46,000	-83,500
		216,500
		200,000
	50,000	50,000
定期預金	1,000,000	1,000,000
現金	50,000	50,000
総額	1,600,000	1,516,500

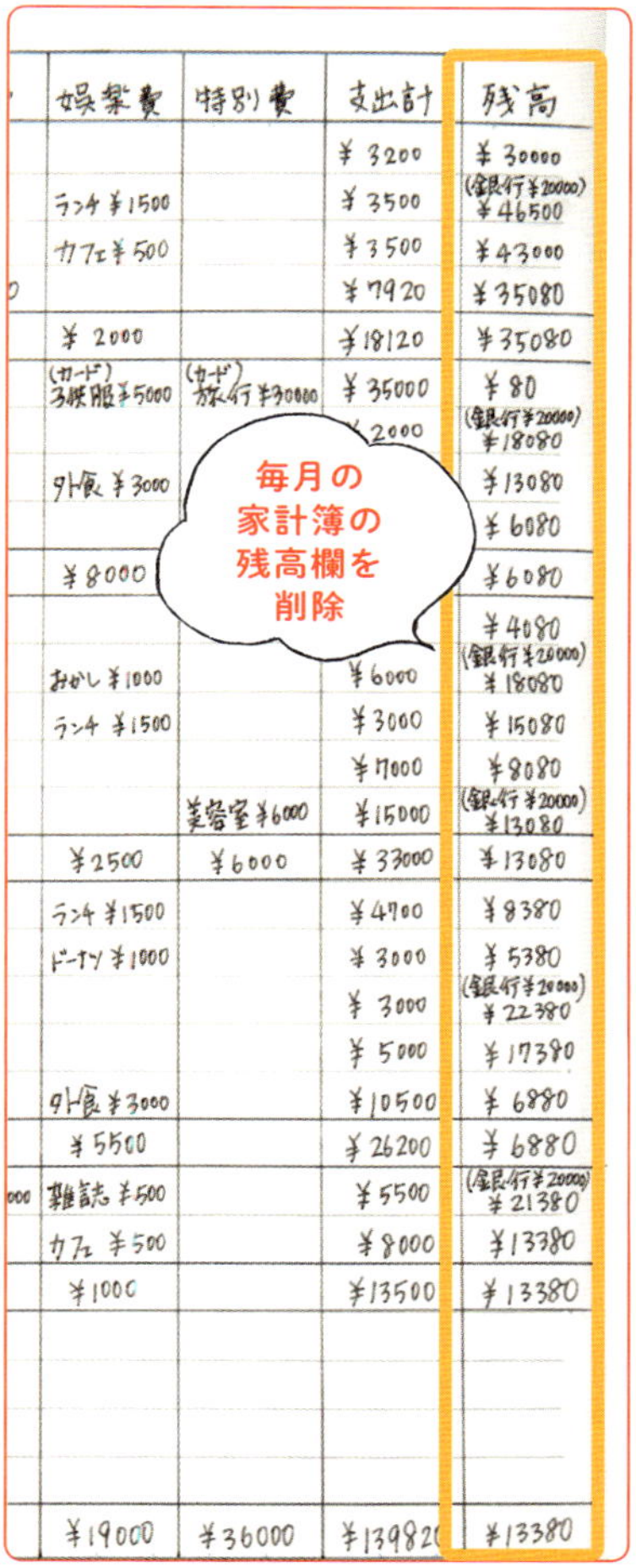

娯楽費	特別費	支出計	残高
		¥3200	¥30000
ランチ ¥1500		¥3500	(銀行¥20000) ¥46500
カフェ ¥500		¥3500	¥43000
		¥7920	¥35080
¥2000		¥18120	¥35080
(カード) 子供服 ¥5000	(カード) 旅行 ¥30000	¥35000	¥80
		¥2000	(銀行¥20000) ¥18080
外食 ¥3000			¥13080
			¥6080
¥8000			¥6080
			¥4080
おかし ¥1000		¥6000	(銀行¥20000) ¥18080
ランチ ¥1500		¥3000	¥15080
		¥7000	¥8080
	美容室 ¥6000	¥15000	(銀行¥20000) ¥13080
¥2500	¥6000	¥33000	¥13080
ランチ ¥1500		¥4700	¥8380
ドーナツ ¥1000		¥3000	¥5380
		¥3000	(銀行¥20000) ¥22380
		¥5000	¥17380
外食 ¥3000		¥10500	¥6880
¥5500		¥26200	¥6880
雑誌 ¥500		¥5500	(銀行¥20000) ¥21380
カフェ ¥500		¥8000	¥13380
¥1000		¥13500	¥13380
¥19000	¥36000	¥13982	¥13380

1円単位まで正確につけなくてもOK！

通帳残高だけで収支を計算

Part 04

支出をたった2つに分けるだけ！
家計のリバウンドを解消

あきの家計簿 ～ひみつ編～

普通の家計簿だと、ケチケチと支出を削る特別な節約名人にならないと、
なかなかお金は貯められません。
あきの家計簿は特別な節約名人になれなくても、必要以上に頑張らなくてもＯＫ。
あきの家計簿だと頑張らなくても貯まるのは、
支出を自然に「必ずいるもの」と「余計なもの」の
２つに分けて考えることができるようになるから。

まず、支出を２つに分けて考える。
その後「余計なもの支出」を「価値ある支出」に変える。
この２ステップで、家計は見違えるように変わり始めます。
あきの家計簿のひみつを知れば、今と同じ収入で、
生活の質を上げることも簡単。もうケチケチした節約術からは卒業です！

あきの家計簿の「ひみつ」

あきの家計簿が普通の家計簿と大きく違うところは、「ただつける」だけだと「支出の把握」だけで終わってしまう家計簿に、**「ただつける」だけなのに「戦略的に支出をコントロールする機能」がついている**ところです。

普通の家計簿ではそれができないのに、あきの家計簿だとどうしてそれが可能になるのか、そのひみつについて書きたいと思います。

私は、家計簿を14年間つけていますが、そのうち約10年は家計簿をつけても、ほとんどお金は貯まりませんでした。

ところが、過去の家計簿の見直しを始めたところ、あることに気がついたのです。

それは、支出は「必ずいるもの」と「余計なもの」の2つに分けられるということです。

私が考える「必ずいるもの支出」とは、「必ず支払わなくてはいけないもの」「それがないと困るもの」のことです。

例えば、「家賃、電気、ガス、水道」といった「住まいに関する支出」や「食費」「日用品」など。

一方、「余計なもの支出」とは、「あるとうれしいがなくても困らないもの」のことです。

例えば、「外食、衣服費、交際費、旅行費、趣味費」などになります。

支出は「必ずいるもの」「余計なもの」に分ける

支出

必ずいるもの

必ず支払わなくては
いけないもの
ないと困るもの

- 家賃
- 電気
- ガス
- 水道
- 食費
- 日用品 など

余計なもの

あるとうれしいが
なくても
困らないもの

- 外食
- 衣服費
- 交際費
- 旅行費
- 趣味費 など

子供服や寝具なども、余計なもの支出と考えます。

Point

- 家計は「必ずいるもの支出」と「余計なもの支出」の２つに分けて考える
- 支払い義務のあるもの、食費、日用品、その他最低限の必要費用だけが「必ずいるもの支出」、その他は「余計なもの支出」として考える

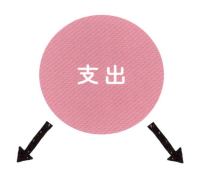

家計簿をただの記録帳にしてはいけない！

普通の家計簿では、支出を「必ずいるもの」と「余計なもの」に切り分けて考えるということは特になく、この2つの支出をごちゃまぜにつけたり、「食費、日用品、外食、衣服費、交際費」など細かく単独でつけているものがほとんどです。

そのため、「食費、日用品、外食、衣服費、交際費」とそれぞれの支出の総額は分かるけど、だからといってどこをどうすればいいの？　ということが非常に分かりにくい家計簿になってしまうのです。

それぞれの支出を単独で眺めるだけで、家計の全体は見えないという、まさに「木を見て森を見ない」という状況になってしまうのです。

そうなると、厳しい予算を決めてなんとかやりくりしようという意識になり、とにかく支出を削り安くすませるといったケチケチとした節約術についつい手を出してしまいたくなります。

貯められなかった時期のあき家の家計簿も「必ずいるもの」と「余計なもの」の2つに支出を切り分けて考えることができていませんでした。

これでは、せっかくの家計簿がただつけているだけ、「支出の把握」しかできない、「ただの記録帳」にしかならなくなってしまいます。

普通の家計簿の記入例

普通に家計簿をつけるだけだと…

日付	食費	日用品	外食	衣服	交際
4／1	5,000	1,000	2,000		5,000
4／2	2,000			5,000	
⋮	⋮	⋮	⋮	⋮	⋮
合計	50,000	10,000	15,000	20,000	15,000

食費5万円
家計の現状はわかるけどどうすればいいの？

外食1万5000円
とにかくお金を使わないようにすればいいの？

衣服2万円
もっとがんばって支出を減らさなきゃいけないの？

せっかくの家計簿が、ただの記録帳に！

頑張らないと貯まらない家計簿では、改善策が見えにくいものです。

まずは、支出を2つに分ける

普通の家計簿では、ごちゃまぜ、もしくは単独でつけられている支出を、「必ずいるもの支出」と「余計なもの支出」の２つに分けてとらえ直すと、見違えるほど分かりやすくなります。

例えば、今まで「食費」につけていた「外食」を「余計なもの支出」にして、「食費」から外す。こうすると、「必ずいる食費」と「余計な食費」を切り離して考えることができます。

同じく、今まで「ガソリン代・車費」としてつけていた「遊びで使ったガソリン代やＥＴＣ代」を「余計なもの支出」にして、「ガソリン代・車費」から外す。こうすることで、「必ずいるガソリン代」と「余計なガソリン代」を切り離して考えることができます。

私が、「娯楽費」「特別費」という費目を必ず作ってくださいというのは、「娯楽費」「特別費」を「余計なもの支出」の受け皿として利用しているからです（費目決めについては、Ｐ44参照）。

「娯楽費」「特別費」があることで、「必ずいるもの」だった支出はいくらで、「余計なもの」だった支出（つまりムダ使い）はいくらだったのかという視点で家計を見ることができるようになるのです。

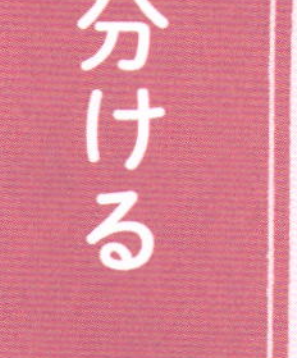

支出を2つにわけて考える

- 食費
  - 食費
  - 外食
- ガソリン
  - 生活用のガソリン
  - 遊びで使ったガソリン
- お小遣い
  - 仕事用の小遣い
  - 遊び用の小遣い
- 日用品
  - シャンプーリンスなどの生活日用品
  - 雑貨などの嗜好品

支出を２つに分けて考えると、何に使いすぎたのかが明確になります。

使いすぎてしまったのは、
「必ずいるもの」「余計なもの」のどっち？

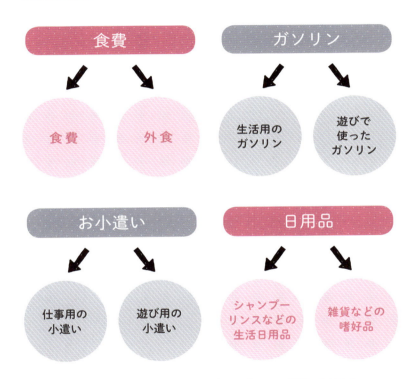

ムダな支出を「見える化」にする

支出を「必ずいるもの」と「余計なもの」の2つに分けて家計簿をつけると、どれだけ家計が分かりやすくなるのかについて、もう少し具体的に見ていきましょう。

あきの家計簿では、「娯楽費」「特別費」という費目を必ず作って、家計簿をつけています。

すると、今まで左上の表のようにごちゃまぜだった「必ずいるもの支出」と「余計な支出」が、左下の表のように「娯楽費」「特別費」にすっきりとまとまり、パッと見て分かりやすくなります。

「余計な支出」を「娯楽費」と「特別費」の2つに分けているのは、余計な支出が「毎月よくある余計な支出」なのか、「イベントや季節などに応じて発生したその月だけの余計な支出」なのかを見極めるためです。

家計を見直す時には、「娯楽費」「特別費」に集約された支出の中から「ムダな支出」を探していけばいいので、「どうして使いすぎてしまったのか？」という原因が一瞬で分かるようになります。

たったこれだけのことで、今までのように目を皿にして家計簿を隅から隅まで見渡して「ムダな支出はどれ!?」と探す作業から解放されて、頑張らなくても支出をコントロールできるようになるのです。

普通の家計簿とあきの家計簿

■よくある普通の家計簿のつけ方

日付	食費	日用品	子供費	レジャー費	雑費	支出計	残高
4/1	スーパー 2,000円	シャンプーなど 1,000円	写真代 1,000円			4,000円	80,000円
4/4	スーパー 2,000円 アイス500円		衣類2,500円	ゲーム 1,000円	大人衣類 4,000円	10,000円	70,000円
4/5	スーパー 2,000円 外食3,000円					5000円	65,000円
4/10	スーパー 2000円 カフェ500円	雑貨 500円	オムツ 1000円 教材費 1000円	映画館 5,000円		10,000円	55,000円
4/15	お米3,000円 外食2,000円	ガソリン 5000円	下着類 3000円			13,000円	42,000円
4/22	スーパー 2,500円	食器 500円			インテリア用品 5,000円	8,000円	34,000円
計	19,500円	7,000円	8,500円	6,000円	9,000円	50,000円	34,000円

必ずいるもの支出と余計な支出がゴチャゴチャ

↓

あきの家計簿ではこうつける…

	必ずいるもの支出			余計なもの支出			
日付	食費	日用品	教育費	娯楽費	特別費	支出計	残高
4/1	スーパー 2,000円	シャンプーなど 1,000円	写真代 1,000円			4,000円	80,000円
4/4	スーパー 2,000円			アイス500円 ゲーム1,000円	大人衣類 4,000円 衣類 2,500円	10,000円	70,000円
4/5	スーパー 2,000円			外食3,000円		5,000円	65,000円
4/10	スーパー 2,000円	オムツ 1,000円	教材費 1,000円	カフェ500円 雑貨500円 映画館5,000円		10,000円	55,000円
4/15	お米 3,000円	ガソリン 5,000円		外食2000円 下着類3000円		13,000円	42,000円
4/22	スーパー 2,500円			食器500円	インテリア用品5,000円	8,000円	34,000円
計	13,500円	7,000円	2,000円	16,000円	11,500円	50,000円	34,000円

余計な支出が娯楽費と特別費に集約！

娯楽費、特別費を見ればムダ使いの原因が一目で分かります。

これが、家計のリバウンドの正体！

パーキンソンの法則という言葉をご存知でしょうか。

イギリスの有名な歴史学者が提唱した法則で、「支出の額は、収入の額に達するまで膨張する」というものです。

支払いを減らすために、携帯電話を格安ＳＩＭにし、生命保険も安いものに再契約、食費も小遣いも減らしたのに、なぜかどこかの支出が膨らみ、結局何も残らなかったという経験はないでしょうか。

まさに、これはパーキンソンの法則に合致しているといえます。

このように、いつの間にか支出が膨らむことを「家計のリバウンド」と私は呼んでいます。

私は、この家計のリバウンドの正体こそ「必ずいるもの支出」と「余計なもの支出」のコントロール力の欠如だと考えています。

何か支出を削ると、その分「生命保険」などを増やしてしまう人は、「必ずいるもの支出」がリバウンドしていますし、「贅沢したつもりはないのにいつの間にかお金がなくなっている」という人は、「余計なもの支出」がリバウンドしています。

どちらの支出が膨らみがちなのかが分かれば、家計のリバウンドに悩まされることもありません。

家計のリバウンドの正体

せっかく収入が増えたのに…
せっかく支出を減らしたのに…

結局どこかの支出が増えてしまって何も残らない！

↓

これが家計のリバウンド

リバウンドのタイプは
2つに分かれる。

必ずいるもの
の支出が多すぎるタイプ

- ローン
- 習い事
- 携帯電話
- 生命保険 など

余計なもの
の支出が多すぎるタイプ

- 外食
- レジャー
- 衣類 など

Point

- 必ずいるもの支出が多すぎるタイプは、P108の見直しを参考に
- 余計なもの支出が多すぎるタイプは、P112、114の見直しを参考に

家計を改善するなら、ここから！

家計簿を「必ずいるもの」と「余計なもの」に分けてつけられるようになったら、次は具体的に家計を改善していきましょう。

まず、考えるのは「必ずいるもの支出」のことです。

「必ずいるもの支出」とは、「家賃、携帯電話、電気、ガス、水道、食費、日用品、仕事で必要な小遣い、生活で必要なガソリン代、習い事費、教育費」など。今自動的に引き落としになっているものや、支払いの請求がきているもの、それにプラスして、「食費、日用品、小遣い」といった、「なくては困る支出」。まずは、これらの支出を無理のない範囲で最小にすること。

あくまで無理のない範囲で充分です。

特に、「食費、日用品、小遣い」といった支出は、極端に下げると「生活のレベルが下がった」と感じやすい支出なので、これらの支出にはなるべく手をつけず、「余計な携帯電話」や「余計な習い事」などがないか、1つでもスパッとやめられる支出を探す方が気持ちもラクです。

これらの「毎月必ずかかってしまう支出」は、多すぎると自由になるお金が減ってしまいます。

できる範囲で削り、浮いたお金を家族のお楽しみや貯金にまわすように計画をしてみましょう。

必ずいるものの支出を見直そう！

携帯電話
留守電や
アプリなど

生命保険
入りすぎて
いないか？

習い事
ムダに増やしすぎて
いないか？

その他
使っていない
駐車場、ジムなど

あき家は…
- 大手通信教育を解約
- 携帯電話の留守電を解約
- 生協を解約

Point
- 1円でも安くできないかを考えて実行してみることが大切です!!

必ずいるものが多すぎると生活が苦しいと感じやすいので要注意。

生活の質を上げる節約術を公開

まず、「必ずいるもの支出」の見直しを実行したら、次に考えるのが「余計な支出」です。

「余計な支出」とは、「外食、衣服費、旅行費」などのことです。しかし、文字通り、これらの余計な支出を「ムダ」と考えて、これらの支出をゼロにすることを目指してしまうとただのケチになってしまいますよね。

そこで私が考えたのは「余計な支出」を「削る」のではなく、「余計な支出」を「価値ある支出」に変えていけばいいのでは？　ということです。

まずは、支出を「必ずいるもの支出」と「余計な支出」の2つに分ける。次に、「余計な支出」を「価値ある支出」に変える。この2つのステップで家計を見直すと、さらに家計は見違えるように変わります。

「余計な支出」をとにかく削ろうと考えると、生活に潤いがなくなり、「生活の質が下がった」と感じてしまいます。ところが、**「余計な支出」を「価値ある支出」に変えていくと、欲しいものやしたいことにお金を使いつつ、「お金も貯まる」という従来の節約とはまったく違った新しい道が現れます。**

この2ステップがあるから、家計簿をつけるだけで生活の質を上げることも可能になるのです。

価値ある支出にかえると生活の質は上がる

余計な支出

削りすぎると

生活の質は下がる

ただのケチになってしまう

我慢ばかりで、ストレスがたまる
お金を使うことに罪悪感を感じる

余計な支出

価値ある支出に変える

生活の質は上がる

後悔しないものにお金を使う

生活に潤いが出る
お金を使うことが、楽しくなる

生活の質を上げる「娯楽費」の使い方

Part 04 ひみつ

家計簿をつけるだけで「余計なもの支出」を「価値ある支出」に変え、「生活の質を上げる」ためにすることは、「娯楽費」「特別費」の見直しです。

まずは、「娯楽費」の見直し方法を紹介します。

左ページの「今までの家計簿」を見てください。

それぞれ1回の支出の金額はそれほど高くないのですが、ダラダラとお金を使っていて、気づくと1ヵ月で「3万円になっている」というパターン。

ファミレスなどを利用して、1回にかかる費用を安くおさえているので、本人は「節約をしている」つもりです。しかし、回数が多いので月にしてみると結構な金額に。

贅沢したつもりはないけど、お金がなくなっているというケースです。

この支出が家族にとって、本当に価値ある支出なのかちょっと考えてみてくださいね。

できる範囲でいいので、支出を削るではなくて、「価値ある支出」に変えてみる。

多少のムダは仕方ないものですが、これまでダラダラと意識せずに使っていたお金を、「意識」して使う。これだけでもお金の使い方に差が出ます。

お金の使い方が整って、お金がいつの間にかない！　なんてことはなくなります。

「娯楽費」で生活の質を上げる

今までの家計簿

だらだら3万円…

バーゲンの服	¥2,000
ファーストフード	¥3,000
ファミレス	¥3,500
コンビニ弁当	¥1,000
ドーナツ	¥1,500
フードコート	¥3,000
ゲーセン	¥3,000
ジュース	¥160
雑誌	¥300
	などなど

↓

見直し後家計簿

ステーキハウス	¥10,000
おすし	¥10,000
映画館	¥6,000
動物園	¥4,000

メリハリ3万円

同じ3万円でも使い方が違う！

ムダを一気にゼロにするのも難しいもの。多少のムダは残してもOKです。

Point

- 娯楽費を見直して、どうすると満足度の高い支出になるのかを考える

生活の質を上げる「特別費」の使い方

Part 04 ひみつ

次は、「特別費」を「価値ある支出」に変えていきましょう。

「特別費」は、「余計なもの支出」のうち「その月だけの特別な支出」に該当するものの集合体です。

「今月は急な出費があったから」と、積もり積もって知らないうちに家計を圧迫していく、実は、家計の中で1番管理の難しい支出なのです。

左ページの「今までの家計簿」を見てください。

「1ヵ月の合計で見るといつの間にか数万円になっている」ということが分かります。

普通に家計簿をつけている方からすると、これはどうしても削れないから仕方がないと判断してしまうかもしれません。

しかし、そこを本当にそうだろうか？　と一歩立ち止まるクセをつけてください。

出かけた先で、子供にねだられたゲームソフトや衝動買いしてしまったインテリア用品をやめて、特別費の年間予算表（P77）と照らし合わせながら、**本当に欲しかったものやしたかったことだけにお金を使うようにしてみましょう。**

今まで絶対に行けないと思っていた海外旅行だって不可能ではないことに気がつくはず。**選択と集中を心がけると、生活の質も家計の満足度もグンと上がってきます。**

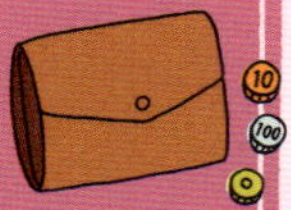

「特別費」で生活の質をあげる

いつの間にか6万円

今までの家計簿

遊園地	20,000円
ゲームソフト	5,000円
クリーニング	3,000円
家電買い替え	20,000円
インテリア用品	12,000円

↓

見直し後家計簿

遊園地	20,000円
家電買い替え	20,000円

欲しいものだけ4万円

本当に欲しいものだけ買って
2万円の節約！

Point

- 「特別費」は、欲のままにお金を使うのではなく、本当に欲しいものやしたいことだけに集中してお金を使う

5大支出をおさえれば、家計が変わる

まずは、支出を「必ずいるもの支出」と「余計な支出」の2つに分ける。次に「余計な支出」を「価値ある支出」に変える。

この2ステップが、つけるだけで戦略的に支出をコントロールし、生活の質を上げつつ、自然にお金が貯まるようになる「あきの家計簿のひみつ」の正体です。

ですが、この2ステップは、やみくもにすべての費目に適用しなくても大丈夫。

私は、家計で特に重要なのは「食費」「日用品」「娯楽費」「特別費」「カード払い」の5つの支出だと考えています（カード払いはP52で紹介した通り、ゼロ円が理想です）。

この5つの支出さえ適切にコントロールできれば、ムダに大きく家計が膨らんだり、反対に無理して家計を小さくまとめる必要はなくなります。

5大支出を見直しても家計が改善しない場合は、もう1度「必ずいるもの支出」の見直し（P108）をやり直すか、収入そのものを上げる方法を考えてみてください。

貯金力とは、収入の範囲内に支出を抑える力のこと。あきの家計簿でうまく支出をコントロールできるようになると、自然に貯金もグングン増えてきます！

5大支出で家計は変わる

1 食費
2 日用品
3 娯楽費
4 特別費
5 カード払い

自分でコントロールしやすい5大支出に集中！
自分でコントロールできない支出に振り回されない

↓

5大支出を
コントロールできれば、
自然に貯金もアップ！

支出を自在にコントロールすることで貯金力が上がります。

Point

- いくら価値ある支出を作れても、生活を限りなく質素にする「骨と皮だけ家計」は魅力なし！
- お金を貯めることだけに執着する守銭奴にならないように気をつける

Column

あきの通帳管理法1

あき家では通帳は3つに役割を分けて使っています。

1つ目は、「引き落とし用の通帳」。
2つ目は、「一時保管用の通帳」。
3つ目は、「貯金用の通帳」。

1つ目の「引き落とし用通帳」は、「家賃、電気、ガス、水道、保育料、習い事費」など、自動引き落としになっているもの専用の通帳です。引き落とし先の都合で、利用する金融機関の指定があり、1冊にまとめられないので、あき家に「引き落とし用の通帳」は2冊あります。

2つ目の「一時保管用の通帳」は、「ボーナス」などが出た時などに、「車検」など、これから支払わなければならない高額な支払い用に一時的にお金を保管している通帳です。あき家に「一時保管用の通帳」は、1冊あります。

3つ目の「貯金用の通帳」は「貯金専用」の通帳です。この通帳は、「住宅購入、車、学費、老後」など、いつか使うかもしれないけど、当面は使う予定のないお金を長期的に保管するために利用します。「家族旅行」などちょっとしたことに使ったりはせず、もしもに備えて「何かあるまでは絶対におろさない」ようにします。あき家に「貯金用の通帳」は、1冊あります。

通帳の役割を３つに分ける

▼引き落とし用の通帳

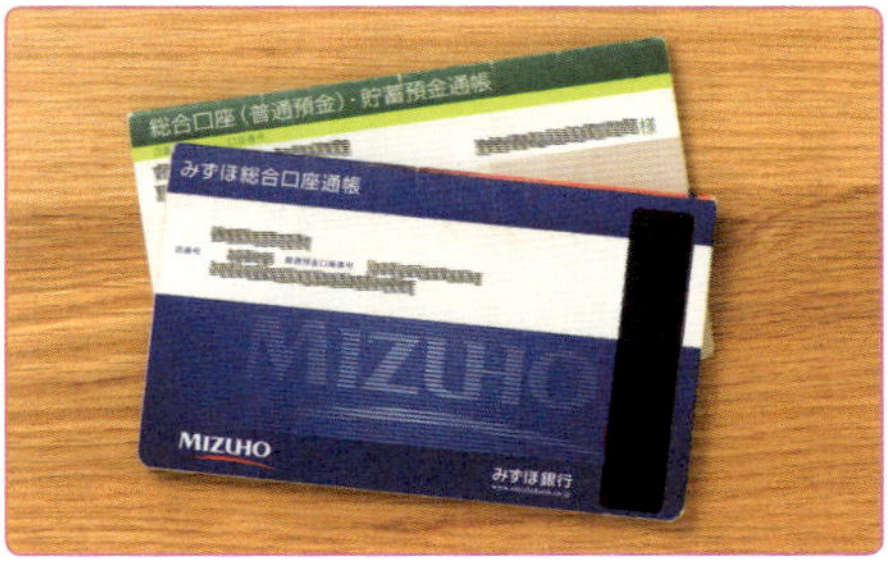

▼一時保管用の通帳

▼貯金用の通帳

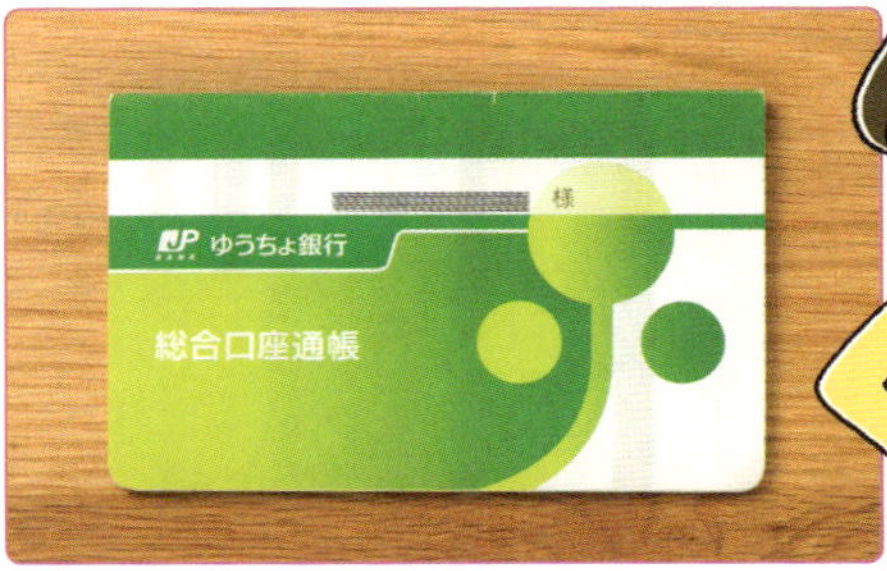

あき家では、計４冊の通帳の役割を３つに分けています。

Column

あきの通帳管理法2

これまでに紹介した「引き落とし用の通帳」、「一時保管用の通帳」、「貯金用の通帳」の3つの通帳の運用方法について紹介します。

まず、毎月給料日がきた時について。

あき家では、給料は毎月全額「引き落とし用の通帳」に入金します。引き落とし用の通帳は2冊あるので、各通帳の引き落とし金額に応じて振り分けます。毎月貯金ができる方は、あらかじめいくらかを貯金用通帳に入金してもOKです。

次に、ボーナスや手当など給料以外の収入があった時について。

あき家では、毎月のお給料だけでは支出のすべてをまかなうことができないため、ボーナスや手当などの一部を大型支出用のお金として活用します。

ボーナスや手当が出たら、「車検」や「固定資産税」など、次のボーナスや手当までに支払い予定のある大型支出の金額を計算し、「一時保管用の通帳」に入金。旅行などにすぐに使うお金は現金で封筒に保管。残りは「貯金用の通帳」に入金。

私は、赤字になった時に使うお金も「一時保管用の通帳」に入金しています。

もちろん、ボーナスや手当がなくてもすべての支払いをまかなえる方は、大型支出用のお金は給料の一部を「一時保管用の通帳」に入金でOKです。

3つの通帳の運用方法

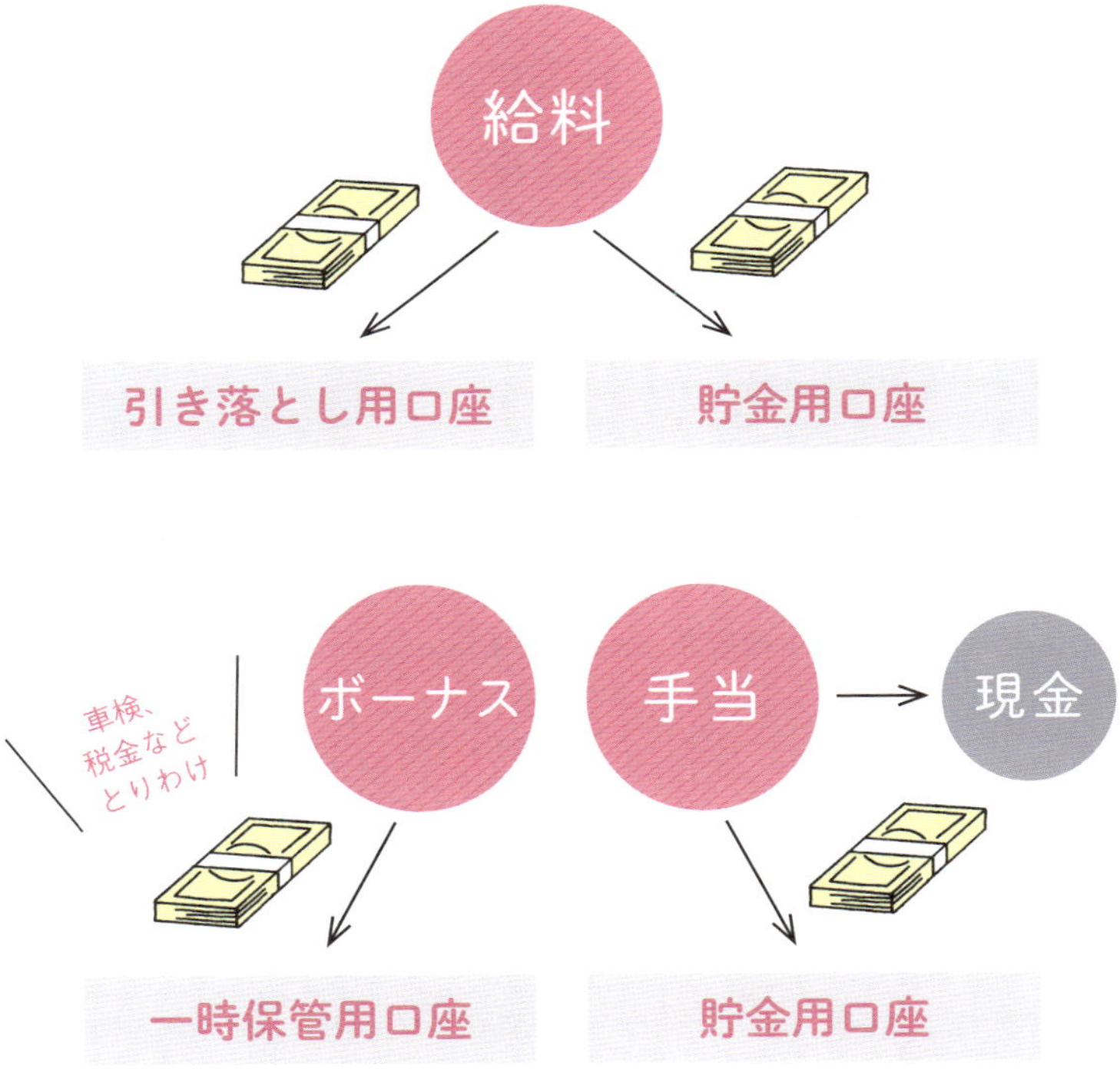

大型支出と赤字にあらかじめ備えることで、家計が安定します。

Point

- ボーナスや手当がない場合は、給料の黒字の一部を「一時保管用口座」へ
- 赤字の時に使うお金も「一時保管用口座」へ

Column

あきの通帳管理法3

あき家では、1ヵ月の生活は、「引き落とし用通帳」に入っているお金だけでやりくりします。

赤字の時は、「一時保管用の通帳」からあらかじめ入金してある「赤字用のお金」をおろして使います。

ただし、「貯金用の通帳」からは1円たりともおろしません。

車検や固定資産税など、予定していた大型支出がきたら、あらかじめ取り分けておいたお金を「一時保管用の通帳」からおろして支払います。

大型支出が銀行引き落としの場合は、引き落としのある月に「一時保管用の通帳」から「引き落とし用の通帳」にお金を移動させます。

「毎月の生活費」は、「引き落とし用の通帳」に入っているお金だけでやりくりする。「大型支出」は、「一時保管用通帳」に入っているお金だけでやりくりする。**赤字の時は、あらかじめ積み立てておいた「一時保管用通帳」で対応する。「貯金用の通帳」は「入金専用」で、「もしも」の時以外は絶対におろさない。これを1年間続けています。**

この方法で通帳を運用していくと、各通帳の残高の推移に特徴が現れてきます。その特徴について次のページで紹介します。

3つの通帳のお金の使い方

1ヵ月の生活は…

引き落とし用口座だけでやりくり

この通帳に入っているお金が1ヵ月で使えるお金

大型支出がある時は…

車検、税金など

一時保管用口座 ⟶ 引き落とし口座

お金の移動

やりくりは、「引き落とし口座」と「一時保管用口座」だけで。

Point

- 赤字の月は、「一時保管用口座」からお金をおろす
- 貯金用の通帳からは、1円もおろさない

Column

あきの通帳管理法4

今まで紹介した方法で通帳を運用すると、各通帳の残高は次のように推移します。

まず、「引き落とし用の通帳」のお金は、毎月の生活費に使うので、次の給料日に近づくにつれて毎月カツカツ、限りなくゼロに近い数字で推移します。

「一時保管用の通帳」は、ボーナスなど大きな収入があった時などに一時的に金額が増えますが、次のボーナスなどに近づくにつれて、残金も限りなくゼロに近づいてきます。

しかし、**「貯金用の通帳」**は、**「基本的には入金専用」なので、お金はどんどん貯まり続けます。**

あき家では、このように通帳を管理するようになったことで、「車検」や「旅行」のためにお金を多めにとっておいたはずなのに、いつの間にか使ってなくなってしまったということがなくなりました。

「引き落とし用の通帳に残っているお金」＝「次の給料日までに使ってもいいお金」なので、今月はあといくら使えるのか？　ということも家計簿を確認しなくても分かるようになり、やりくりがしやすくなりました。

通帳の管理方法を変えるだけで、お金の流れがグンと分かりやすくなりますよ。